Rudolf
Kirchschläger

## Kunst und Kultur 107

Begegnungsort Kunst 111
Freiheit in der Kunst 113
Gesellschaftliche Dimension 116
Offenheit – Tiefgang – Weite 119

## Wissenschaft 123

Freiheit in der Wissenschaft 125
Gesellschaftliche Bedeutung 126
Natur- und Geisteswissenschaften 127

## Internationale Politik 131

Neutralität 136
Europa 141
Internationale Organisationen 145
Internationales Recht 148

## Ethik 149

Macht 153
Verantwortung 154
Frieden 155
Gerechtigkeit 157
Wahrheit 159
Freiheit 160
Goldene Regel 162

## Zugang zum Menschsein 163

Benachteiligte Menschen 166
Mit-Menschen 168

## Weltverständnis 173

## Religionsgemeinschaften 177

Religionsgemeinschaften und Gesellschaft 179
Religion und persönlicher Glaube 186

## Ausblick 189

Redaktionelle Hinweise 190
Bildnachweis 191

# Zum Geleit

Der langjährige österreichische Bundespräsident und Außenminister Dr. Rudolf Kirchschläger wurde vor hundert Jahren, nämlich am 20. März 1915, in Niederkappel (Oberösterreich) geboren und ist wenige Tage nach seinem 85. Geburtstag – also vor 15 Jahren – verstorben.

Er begann nach der Matura unter großen materiellen Entbehrungen mit dem Studium der Rechtswissenschaften, das er aber nach dem sogenannten „Anschluss" Österreichs an Hitler-Deutschland abbrechen musste, weil er sich weigerte, der NSDAP beizutreten.

Kirchschläger wurde zur Deutschen Wehrmacht eingezogen und während des Krieges schwer verwundet. Durch die Weitsicht seines unmittelbaren militärischen Vorgesetzten konnte er im Jänner 1940 sein Studium abschließen. Nach dem Ende des Krieges entschied er sich zunächst für eine richterliche Laufbahn, trat aber im Jahr 1954 – also kurz vor dem Abschluss des Österreichischen Staatsvertrages – als Rechtsexperte in das Österreichische Außenministerium ein.

Sein erster Auslandsdienstposten war der eines österreichischen Gesandten in Prag ab 1967, sodass er den Prager Frühling des Jahres 1968, aber vor allem auch die gewaltsame Niederschlagung des Prager Frühlings im August 1968 hautnah miterlebte.

Rudolf Kirchschläger ist damals durch sein couragiertes, einfühlsames, menschenfreundliches und unbürokratisches Verhalten gegenüber Opfern der Repression, die sich zur Flucht aus der CˇSSR beziehungsweise zur Einreise nach Österreich entschlossen hatten, oder in anderer Form Hilfe benötigten, in sehr positiver Weise aufgefallen.

Bruno Kreisky hat Dr. Kirchschläger in wachsendem Maß geschätzt und sich sehr anerkennend über diesen österreichischen Diplomaten geäußert, der die Vorschriften und Gepflogenheiten genau kannte, die Weisungen aus Wien ernsthaft studierte etc., aber letztlich Menschenrecht und Menschenwürde im Rahmen des Möglichen über Weisungen und Vorschriften gestellt hat.

Als Bruno Kreisky nach den Wahlen vom 1. März 1970 die Möglichkeit hatte, eine unter seinem Vorsitz stehende Minderheitsregierung zu bilden, fiel seine Wahl für den Posten des Außenministers auf Rudolf Kirchschläger. Für viele politische „Beobachter" war dies eine überraschende Entscheidung, aber es war gleichzeitig eine sehr kluge Entscheidung, die sich in den folgenden Jahren sehr bewährt hat.

In dieser Zeit – also Anfang der 1970er-Jahre – lernte auch ich als junger Abgeordneter zum Nationalrat den neuen parteilosen Außenminister Kirchschläger näher kennen und schätzen.

Am 24. April 1974 ist der damalige Bundespräsident Franz Jonas verstorben. Unmittelbar nach seinem Tod begann die Kandidatensuche für die Neuwahl eines Bundespräsidenten; wiederum wurden die verschiedensten Namen genannt. Aufseiten der SPÖ waren dies in erster Linie der damalige Präsident des Nationalrates Anton Benya und der erfolgreiche burgenländische Landeshauptmann Theodor Kery.

Bruno Kreisky brachte aber in der SPÖ seinen bewährten und besonnenen Außenminister Dr. Rudolf Kirchschläger in Vorschlag.

Dieser Vorschlag war neuerlich überraschend, fand aber breite Zustimmung.

Auf Seite der ÖVP waren der frühere Vizekanzler und Generalsekretär Dr. Hermann Withalm und der Innsbrucker Bürgermeister Alois Lugger die Favoriten, wobei sich der Kandidat aus Tirol im allerletzten Augenblick durchsetzte.

Die Bundespräsidentenwahlen wurden für den 23. Juni 1974 angesetzt und Dr. Rudolf Kirchschläger stürzte sich mit der ihm eigenen Gewissenhaftigkeit und Einsatzbereitschaft in den Wahlkampf, den er als Wahlwerbung bezeichnete und auch in diesem Sinne zu gestalten versuchte.

Ich durfte ihn als junger Abgeordneter abwechselnd mit dem damaligen Wiener Bürgermeister Leopold Gratz auf vielen seiner Wahlveranstaltungen oder Wahlreisen begleiten, wobei sich Leopold Gratz mehr auf die Veranstaltungen in Wien konzentrierte, während ich den Präsidentschaftskandidaten Kirchschläger häufig in andere Bundesländer begleitete.

Am Abend des Wahltages stand Rudolf Kirchschläger, der 51,7 % der gültigen Stimmen erreicht hatte, als fünfter Bundespräsident der Zweiten Republik fest.

Wir alle wissen, dass er dieses Amt – nach seiner eindrucksvollen Wiederwahl im Jahr 1980 – insgesamt zwölf Jahre hindurch fleißig, gewissenhaft und erfolgreich ausgeübt hat.

Durch seine Berufstätigkeit als Richter und Diplomat geprägt, von seiner Frau Herma liebevoll und wirksam unterstützt, von der Bevölkerung sehr geschätzt und im Ausland anerkannt übte er dieses Amt in vorbildlicher Weise aus.

Sorgfältig vorbereitete Reden und sein gutes persönliches Beispiel waren seine wichtigsten Ausdrucksmittel. Daher schrieb er seine Reden in den allermeisten Fällen selbst, was auch am einheitlichen Stil, am Vokabular und am Duktus dieser Reden erkennbar ist.

Es ist daher in höchstem Maße verdienstvoll, dass Universitätsprofessor Dr. Walter Kirchschläger, der Sohn des Bundespräsidenten, der seinem Vater in vielen Facetten seiner Persönlichkeit sehr ähnlich ist, sich entschlossen hat, rund um den 100. Geburtstag seines Vaters Texte und Passagen aus den ca. 1200 Reden, die sein Vater als Bundespräsident gehalten hat, auszuwählen und im Rahmen dieses Buches vorzulegen. Das Besondere und meines Erachtens auch besonders Wertvolle an dieser Publikation ist die Tatsache, dass nicht einzelne Reden ausgewählt wurden, sondern dass aus den vielen Reden besonders markante Formulierungen oder Gedankengänge herausgefiltert und nach Themen bzw. Sachgebieten geordnet wurden.

Es gibt in diesem Buch insgesamt elf solcher Sachgebiete und zwar: VERSTÄNDNIS DES ÖFFENTLICHEN AMTES, POLITISCHES LEBEN IN ÖSTERREICH, GESELLSCHAFT-

LICHES LEBEN, WIRTSCHAFT, KUNST UND KULTUR,
WISSENSCHAFT, INTERNATIONALE POLITIK, ETHIK,
ZUGANG ZUM MENSCHSEIN, WELTVERSTÄNDNIS UND
RELIGIONSGEMEINSCHAFTEN.

Diese elf Sachgebiete sind wiederum in insgesamt 45 Einzelthemen unterteilt und zu jedem einzelnen Thema ist Markantes, Bemerkenswertes, Aufklärendes oder Zukunftsweisendes ausgewählt und ausgedrückt.

Ich danke Dr. Walter Kirchschläger für die große und wertvolle Arbeit, die er dabei geleistet hat.

Und ich verhehle nicht, dass ich die feste Absicht habe, den
einen oder anderen Gedanken, der in diesem Buch enthalten
ist, als – wenn auch nicht unmittelbarer – Nachfolger von Rudolf Kirchschläger zu verwenden, und nach Möglichkeit auch
zu beherzigen.

Ich wünsche dieser Publikation den besten Erfolg!

*Wien, im Jänner 2015*                    *Heinz Fischer*

# Vorwort

Aus der öffentlichen politischen Tätigkeit von Rudolf Kirchschläger sind die Manuskripte von ungefähr 1700 Reden erhalten, allein circa 1200 aus seiner Zeit als österreichischer Bundespräsident. Die Reden, die er selbst konzipierte und ausformulierte, bilden einen Einblick in sein Bemühen, in den zahlreichen Begegnungen und öffentlichen Anlässen mit seinem Wort auf die Menschen zuzugehen und zugleich Impulse für das Leben in der Menschengemeinschaft zu vermitteln – sei es, dass diese Gemeinschaft die Familie, die Gemeinde, das Bundesland oder die Republik Österreich oder auch die Staatengemeinschaft umfasste.

Aus Anlass der 100. Wiederkehr des Geburtstages von Rudolf Kirchschläger liegt hier eine kleine Auswahl mit Abschnitten aus seinen Reden während der Amtszeit als Bundespräsident (1974 bis 1986) vor, die nach thematischen Schwerpunkten zusammengestellt wurde. Sie gibt Einblick in die durch die jeweiligen Anlässe beeinflusste inhaltliche Vielfalt. Sie lässt zugleich erkennen, welche Grundthemen dem Redner am Herzen lagen, damit das öffentliche und private Zusammenleben in Österreich in Eintracht und in ehrlicher gegenseitiger Achtung gelingen kann.

Diese Zusammenstellung will nicht als historische Dokumentation verstanden sein. Deswegen wurden ausführliche Bezugnahmen zum Redeanlass oder entsprechende historische Herleitungen, die in den Reden oftmals enthalten sind, nur im Ausnahmefall berücksichtigt. Wegleitend war vielmehr die Überzeugung, dass so manche Aussage über die Jahre hinaus ihre Gültigkeit bewahrt hat und so, ungeachtet der zeitbedingten Formulierung, beachtenswert bleibt – so, als wäre sie ins Heute gesprochen. Um die ausgewählten Abschnitte situieren zu können, sind jeweils Anlass und Datum der Ansprache vermerkt.

Zuzuhören, sich mit dem Gehörten auseinanderzusetzen, das eine oder andere im persönlichen, im beruflichen oder im öffentlichen Leben zu beherzigen und allenfalls sogar daraus Folgerungen zu ziehen – das war die Erwartungshaltung meines Vaters an die unterschiedlichen ihm zuhörenden Menschen.

Das ist auch der Wunsch an die Leserinnen und Leser, der dieses Buch begleitet.

*Jänner 2015*                                    *Walter Kirchschläger*

# Verständnis
des öffentlichen
Amtes

„In der durch das Gelöbnis besiegelten Pflicht des Bundespräsidenten aber sehe ich auch das undispensierbare Mandat, als Element der Einigung und als Förderer des Gemeinsamen in unserer Republik zu wirken."

*Angelobung als Bundespräsident vor der Bundesversammlung,*
*8. Juli 1980*

„Natürlich wird jeder Bundespräsident nicht nur genau das tun, was ihm die Verfassung vorschreibt, sondern er wird Kraft der Wahl durch das Volk auch noch andere Aufgaben, Dinge, welche nicht in der Verfassung vorgeschrieben sind, machen. Ich versuche in einem sehr starken Maße, ein verbindender Präsident zu sein zwischen den einzelnen Bundesländern und dem Bund, der Republik als Ganzes, ich versuche auch zwischen den im Parlament vertretenen Parteien ein verbindendes Element zu sein, und ich versuche vor allem auch dem einzelnen Bürger dort, wo ich glaube, dass Hilfe möglich, vor allem, dass sie notwendig ist, diesem zur Verfügung zu stehen, und ich versuche auch in der Außenpolitik insoweit mitzuwirken, aber hier in einer sehr diskreten Form, dass die Interpretation unserer Neutralität gleichbleibt, so wie wir sie in den vergangenen Jahrzehnten seit 1955 gehabt haben."

*Besuch der 1. Ausbildungskompanie der Wehrpolitischen*
*Ausbildung in der Präsidentschaftskanzlei, 13. Juli 1983*

„Was uns [= als politische Mandatsträger] als Lehre bleibt, (ist): Erkennen, dass die Übernahme eines politischen Amtes die völlige Hingabe verlangt an die Aufgabe und an die Menschen. Wissen, dass eine gute politische Arbeit das Kennen der Sachgrundlagen und damit viel Detailarbeit voraussetzt. Die Erkenntnis, dass Mut im politischen Handeln und im persönlichen Leben unabdingbare Eigenschaften sind für die von uns gewählte Aufgabe."

*Gedenkminute im Wiener Rathaus, 27. April 1975*

Rudolf Kirchschläger · *Ins Heute gesprochen*

„Es ist ein umfassendes Amt, das ich heute zum zweiten und letzten Male antrete, voll der Verantwortung gegenüber unserer Republik und gegenüber unserem Volk, einer Verantwortung, die durch die Direktwahl durch das österreichische Volk noch verstärkt wird. Die Direktwahl aber führt auch sehr klar vor Augen, dass nicht der Bundespräsident als sogenanntes Staatsoberhaupt der Souverän ist, sondern dass alle Rechte, die der Bundespräsident ausübt und alle Pflichten, die er erfüllt, ihren Grund ausschließlich in dem Vertrauen haben, welches das österreichische Volk in freien, demokratischen Wahlen zum Ausdruck bringt."

*Angelobung als Bundespräsident vor der Bundesversammlung, 8. Juli 1980*

„Überall dort, wo sich echtes mitmenschliches Verhalten mit einem hohen Maß an Wissen und Können vereinigt, wird ein Amt zu einer echten Repräsentation des Staates."

*75 Jahre Österreichisches Patentamt, 14. Oktober 1974*

„Es bleibt daher das jedem Inhaber eines öffentlichen Amtes auferlegte Mandat, dem Frieden zu dienen und damit für die friedliche Bereinigung von Streitfällen und Interessenskonflikten zu arbeiten. Es bleibt die Menschenpflicht, den Menschenrechten und der Achtung der Menschenwürde zum endlichen Durchbruch zu verhelfen, mit eingeschlossen die Freiheit von Hunger und das soziale Recht auf Arbeit. Es bleibt schließlich, nach einem höheren Maß kollektiver und individueller Gerechtigkeit zu streben und uns der Begrenztheit der natürlichen Ressourcen ebenso bewusst zu werden wie der nationalen Grenzen überschreitenden Gefährlichkeit technischer Prozesse."

*Abendessen für das Diplomatische Corps, 27. Juni 1986*

*Verständnis des öffentlichen Amtes*

„Ich habe kein Recht zu einem Schuldspruch und auch kein Recht zu einem Freispruch. Beide würden dem Verfassungsgrundsatz der Rechtsstaatlichkeit widersprechen. Ich glaube aber aufgrund der Volkswahl ein politisches und aufgrund meiner verfassungsmäßigen Vertretungsbefugnis der Republik Österreich nach außen auch ein verfassungsmäßiges Recht zu haben, Ihnen eine von Emotionen freie Darstellung des Inhaltes von Dokumenten zu geben, die in einer weltweiten politischen Auseinandersetzung um einen Präsidentschaftskandidaten und – ich habe eingangs darauf verwiesen – auch um Österreich als Ganzes eine Rolle spielen."

*Fernsehansprache [im Zusammenhang mit der Kandidatur von Herrn Dr. Kurt Waldheim für das Amt des Bundespräsidenten], 22. April 1986*

Rudolf Kirchschläger · *Ins Heute gesprochen*

# Politisches Leben in Österreich

„Mein erster Gruß bei Antritt dieses Amtes gilt daher dem ganzen österreichischen Volk als dem verfassungsmäßigen Souverän unserer Republik und zwar gleich aufrichtig allen Österreicherinnen und Österreichern, unabhängig davon, welchen Alters oder welchen Berufes sie sind, in welchem Teil unserer Republik sie sich beheimatet fühlen und unabhängig auch davon, ob und welcher politischen oder weltanschaulichen Bindung sie sich verpflichtet erachten."

*Angelobung als Bundespräsident vor der Bundesversammlung, 8. Juli 1974*

„Im Übrigen lassen Sie mich dazu als Nebensatz anmerken, dass nicht die Politik den Menschen verdirbt, sondern dass lediglich ein Mensch die Politik verderben kann, und zwar vor allem dann, wenn die persönliche Ethik und die Ethik des politischen Handelns auseinanderklaffen."

*140 Jahre Österreichischer Gewerbeverein, 14. Dezember 1979*

Rudolf Kirchschläger · *Ins Heute gesprochen*

# Demokratische Staatsordnung

„Keine der drei Parteien und niemand in der Verwaltung und in der Wirtschaft wusste so recht, was aus jenem Teil der Monarchie tatsächlich werden sollte, der nach dem Abgang der anderen Nationalitäten übrig geblieben war. Die Vorteile des Kleinstaates, die wir heute erkennen – sie liegen in einer bewussten Vermenschlichung des Staates, in einem Näherkommen zwischen Staat und Bürger –, waren für jemand, der im Großraumdenken der Monarchie aufgewachsen war, unmöglich erkennbar. Kleinstaat bedeutete damals und musste damals Ohnmacht bedeuten."

*Festsitzung des Nationalrates und des Bundesrates aus Anlass des 60-Jahr-Jubiläums der Republik Österreich, 12. November 1978*

„Es war keine zufällige Aneinanderreihung von Tatsachen, die sich eben gerade ergeben hätten und die zu dem Ergebnis eines freien, unabhängigen und demokratischen Österreich geführt haben, sondern es war ein von verantwortlichen Bürgern – und dazu zählten nicht nur die Mandatare, sondern auch die Wähler und Wählerinnen des 25. November 1945 – mutig und mit Überzeugungskraft gelenktes politisches Geschick unserer Heimat."

*40. Jahrestag der ersten Sitzung des Niederösterreichischen Landtages nach dem Zweiten Weltkrieg, 12. Dezember 1985*

„Es war eine großartige Leistung des österreichischen Volkes, dass es angesichts der rauchenden Kriegsreste des Jahres 1945, der Not, der Hoffnungslosigkeit und der vierfachen Besatzung jenes Gemeinsame und Verbindende erkannte, das uns bis 1938 allzu sehr verborgen geblieben war. Es war eine außerordentliche Leistung, dass auch in den Herzen derer, die in Konzentrationslagern und in politischer Verfolgung unendlich Schweres erlebt hatten, nicht der Vergeltungs- und Rachegedanke und nicht der Hass Oberhand gewonnen hat, sondern der Blick auf eine gesamtösterreichische Zukunft. Es war eine großartige Demonstration österreichischer Verbundenheit, dass in den Länderkonferenzen des Jahres 1945 in Salzburg und Wien trotz vierfacher Besatzung nicht zur Diskussion stand, ob Österreich eine Einheit bleiben solle, sondern ausschließlich, wie diese Einheit zu verwirklichen sei. Und diese Zusammengehörigkeit aller Bundesländer ist aufrecht geblieben auch zu einer Zeit, als die wirtschaftliche Situation zwischen den einzelnen Bundesländern sich immer stärker differenzierte. Stolz können wir aber auch sein auf die Arbeitsfreude, die unsere Mitbürger an den Tag legten, um unsere Wirtschaft, unsere Verwaltung, um Österreich wieder aufzubauen."

*Staatsakt aus Anlass der 25. Wiederkehr des Tages der Unterzeichnung des Österreichischen Staatsvertrages, 15. Mai 1980*

„Vielleicht sollten wir uns aber doch in diesem Zusammenhang auch selbstprüfend die Frage stellen, ob es uns in den 35 Jahren der Zweiten Republik tatsächlich gelungen ist, uns selbst und unseren Mitbürgern die Bundesverfassung nahezubringen, sie für unser ganzes Volk zu mehr zu machen, als nur zu einer Summe von abstrakt scheinenden Artikeln, mit denen die große Mehrheit unseres Volkes nur wenig anzufangen weiß."

*60 Jahre Bundesverfassung, Gemeinsame Sitzung des Nationalrates und des Bundesrates, 3. Oktober 1980*

„Wenn der Begriff eines heroischen Jahrzehnts unserer Geschichte jemals erlaubt ist, dann muss er diesem Jahrzehnt von 1945 bis 1955 zugeordnet werden. Ohne dieses umfassende Ja zur Republik Österreich, ohne das eindeutige Bekenntnis zur Demokratie unserer Konzeption, ohne die starke Zuflucht zur Hoffnung auf unsere Kraft wäre der Staatsvertrag in der Form, wie er gekommen ist, nie möglich gewesen."

*Staatsakt aus Anlass der 25. Wiederkehr des Tages der Unterzeichnung des Österreichischen Staatsvertrages, 15. Mai 1980*

„Wir nennen unsere Gesellschaftsform mit Stolz eine parlamentarische Demokratie und verbinden damit die Überzeugung, dass wir in der Lage sind, das Prinzip der Freiheit, den Grundsatz der Toleranz, das Postulat der Wahrung der Menschenrechte und der Menschenwürde in die Tat umzusetzen. Wir verbinden damit auch unsere Überzeugung, dass unsere Gesellschaftsform es möglich macht, dass der Bürgerwille durch frei gewählte Vertreter des Volkes in die Rechts- und Sozialordnung transformiert werde, dies im Rahmen der Vertretungskörper auf Bundes-, Landes- und Gemeindeebene."

*125 Jahre Salzburger Landtag, 5. April 1986*

„Dieses Verbindende aber – immer wieder wiederhole ich es – ist unendlich mehr als das uns Trennende; es *muss* mehr sein, denn was wären wir für Demokraten, wollten wir dem anderen das Anderssein nicht verzeihen? Wäre dann unsere Überzeugung, dass wir mit unserer Demokratie als Denk-, Staats- und Lebensform die beste aller Gesellschaftsordnungen haben, noch gerechtfertigt?

*Eröffnung des Festspiel- und Kongresshauses und der Bregenzer Festspiele, 26. Juli 1980*

„Es kann wohl auch gar nicht oft genug wiederholt werden, dass frei gewählte Parlamente unabdingbare Voraussetzung, aber wohl zugleich auch anschauliches Spiegelbild einer Demokratie sind."

*Gemeinsame Festsitzung des Nationalrates und des Bundesrates anlässlich der Verabschiedung des Bundespräsidenten, 8. Juli 1986*

„Als heute vor 30 Jahren, am 19. Dezember 1945, der neu gewählte Präsident des Nationalrates – es war Leopold Kunschak – die erste Sitzung des Nationalrates nach Jahren der Unfreiheit schloss, folgte als staatsrechtlich zwangsläufige Konsequenz am Nachmittag desselben Tages die Konstituierung des Bundesrates, dieser unter Vorsitz des Vertreters des Bundeslandes Wien, Karl Honay. Die Wahl Karl Renners zum Bundespräsidenten in der ersten Sitzung der Bundesversammlung am darauffolgenden 20. Dezember – sie erfolgte nach dessen damals und noch heute als entscheidend und überragend anerkannten Verdiensten einstimmig – ergab sich als rechtliche und politische Konsequenz aus der durch die Konstituierung des Nationalrates und des Bundesrates geschaffenen Verfassungslage, die das Bundes-Verfassungsgesetz 1920 in der Fassung von 1929 wieder anwendbar machte. Die unmittelbar darauffolgende Ernennung der Bundesregierung Leopold Figl/Adolf Schärf und die Regierungserklärung des Bundeskanzlers Figl am 21. Dezember schloss die Wiedereinrichtung Österreichs als demokratischen Bundesstaat ab. Kein Akt war von dem anderen zu trennen. Alle zusammen bildeten jene Einheit, die es möglich machte, dass unsere Republik, teils mithilfe und teils trotz vierfacher Besetzung, weniger als acht Monate nach der mutigen Unabhängigkeitserklärung der provisorischen Staatsregierung vom 27. April 1945 sich als ein vom Grund her bejahter demokratischer Staat mit einem starken Lebenswillen präsentierte."

*30. Jahrestag des Zusammentrittes des Nationalrates und des Bundesrates nach der Wiedererrichtung der Republik Österreich, Festsitzung der Bundesversammlung, 19. Dezember 1975*

„Wir praktizieren die Demokratie als die von uns selbst gewählte Lebensart im täglichen Leben. Aber wir sind selbsterkennend genug, um zu wissen, dass für eine falsche Selbstgerechtigkeit und für einen Vollkommenheitsdünkel kein Raum ist. Auch in unserer gesellschaftlichen Ordnung sind wir nie vor gesellschaftlichen Krankheiten gefeit und auch nicht vor einer Verflachung in der Realisierung unserer Prinzipien. Dass es dabei auch grenzüberschreitende Phänomene gibt, wissen wir aus unserer Erfahrung."

*Tischrede beim Staatsbesuch von Bundespräsident Dr. Richard von Weizsäcker, 18. März 1986*

Rudolf Kirchschläger · *Ins Heute gesprochen*

„Wir alle, die wir in einem parlamentarisch-demokratischen Staat politische Verantwortung zu tragen haben, werden nicht nur von der Geschichte – diese braucht Zeit –, sondern schon von unseren Kindern und Kindeskindern danach gemessen werden, ob wir in der Lage gewesen sind, der Demokratie auf unserem Kontinent und auch der Demokratie in Österreich wieder jene Faszination zu geben, die ihren hohen Idealen entspricht."

*Angelobung als Bundespräsident vor der Bundesversammlung,*
*8. Juli 1974*

„Lassen Sie mich, Herr Präsident, als Erstes dafür danken, dass Sie die bisherige Übung fortgesetzt und mich als Bundespräsident eingeladen haben, an dieser gemeinsamen Festsitzung des Nationalrates und des Bundesrates teilzunehmen und auch zu sprechen. Für mich ist diese Einladung, ebenso wie die Anwesenheit der Bundesregierung an der Festsitzung, eine äußere Dokumentation für die Zusammengehörigkeit und gleichzeitig die Aufgabenteilung zwischen Parlament, Bundesregierung und Bundespräsident. Keines dieser Organe ist und darf in der Lage sein, politische oder rechtliche Macht für sich alleine auszuüben. Es bedarf des nicht nur gesetzlich geregelten, sondern auch praktizierten organischen Zusammenwirkens aller drei, um dem Verfassungsgrundsatz Rechnung zu tragen, dass alles Recht vom Volke ausgehe, und um die Existenz unserer Republik als unabhängigen und demokratischen Staat im Zentrum Europas sicherzustellen."

*30. Jahrestag des Zusammentrittes des Nationalrates und des*
*Bundesrates nach der Wiedererrichtung der Republik Österreich,*
*Festsitzung der Bundesversammlung, 19. Dezember 1975*

„Möge es allen staatlichen Organen auch immer bewusst bleiben, dass Zusammenarbeit nicht ein Akt des Wohlwollens oder ein Geschenk an den jeweils anderen ist, sondern ein unverzichtbarer Dienst am österreichischen Volk und an unserer Republik, ein Dienst, zu dem jede öffentliche Funktion verpflichtet."

*Gemeinsame Festsitzung des Nationalrates und des Bundesrates anlässlich der Verabschiedung des Bundespräsidenten, 8. Juli 1986*

„Die Demokratie nicht nur als staatliches Prinzip, sondern vor allem auch als Lebensform ist eine so großartige Idee menschlichen Geistes, dass sie von außen her nicht zerstört werden kann. Die große Gefahr einer Abwertung der Demokratie kommt vielmehr dann, wenn die politischen Kräfte in einer Demokratie aufhören, mit allen Mitteln dafür zu arbeiten, dass jene Grundsätze verwirklicht werden, die der Demokratie begriffsmäßig innewohnen: Ich meine damit die Gleichheit der Menschen, die Freiheit des Einzelnen, das Suchen und Arbeiten für ein zusätzliches Maß an Gerechtigkeit in allen Bereichen des Lebens; und ich meine damit auch die Toleranz und den Respekt vor den Rechten, aber auch vor den Überzeugungen des anderen, gleichgültig, ob sie politischer, religiöser oder weltanschaulicher Natur sind; und ich meine damit auch den Respekt vor den Minderheiten und den Angehörigen von Minderheiten und vor jenen Menschen, die aus irgendeinem Grund anders sind als wir zu sein pflegen."

*Angelobung als Bundespräsident vor der Bundesversammlung, 8. Juli 1974*

„Viele heute schon der Vergessenheit anheimgegebene Männer und Frauen haben zu dem Werdegang vom 27. April 1945 bis zum 15. Mai 1955 beigetragen. Wir sind geneigt, in einer vereinfachenden Geschichtsbetrachtung uns mit Symbolträgern zu behelfen. Renner, Figl, Schärf und Raab, deren Bilder hier in diesem Saale sind, scheinen mir als solche Symbolträger gut gewählt, denn sie waren bei all ihrer individuellen Verschiedenheit jene, denen es gelang, die Vorstellungen vom österreichischen Volk, der österreichischen Nation und

Rudolf Kirchschläger · *Ins Heute gesprochen*

der Republik Österreich zu einer glücklichen Einheit zu fügen und denen wir nicht nur ihr eigenes Tun – und das war mutig und weise –, sondern auch das Handeln vieler anderer Österreicher, die sich mit ihnen identifizierten, zurechnen können."

*Ausstellung der Pro Austria anlässlich des 30. Jahrestages der Gründung der Zweiten Republik und des 20. Jahrestages des Staatsvertrages, 23. April 1975*

„Die Demokratie wird nur dann zur besten aller Gesellschaftssysteme, wenn es Menschen gibt, die bereit sind, sich den komplizierten Zusammenhängen des wirtschaftlichen und politischen Lebens zu unterziehen, und wenn es Institutionen gibt, die diese Lernmöglichkeiten bieten."

*25 Jahre Otto-Möbes-Volkswirtschaftsschule Graz, 16. Juni 1975*

„Die(se) Toleranz, die die besondere Denk- und Lebensform der Demokratie verlangt, kommt keineswegs einer Prinzipienlosigkeit nahe. Die pluralistische Gesellschaft verlangt nach geistiger Auseinandersetzung, sie setzt ein Ringen um die Nichtigkeit der Zielvorstellungen der einzelnen Gruppen oder Parteien voraus. Wir müssen dieses Ringen aber so gestalten, dass insbesonder[e] unseren jungen Mitbürgern auch die Werte unserer Gesellschaftsform als Ganzes bewusst werden, und wir müssen dieser von uns gelebten Demokratie auch wieder als Ganzes eine Strahlkraft weit über Österreich hinaus geben. Wir tragen daher alle die Verantwortung dafür, dass sich die Auseinandersetzung im Rahmen unserer pluralistischen Gesellschaft nicht im Negativen und Verneinenden erschöpft. Auch in der Auseinandersetzung muss noch klar das zum Ausdruck gebracht werden, was uns in unserer Gesellschaftsordnung an gemeinsamen positiven Werten verbindet."

*Eröffnung des Studienzentrums der Politischen Akademie der ÖVP, 28. März 1977*

„So wie Sie für sich das Recht in Anspruch nehmen, Ihre Entscheidung verantwortlich zu treffen, so müssen Sie wohl dieses Recht auch jedem Ihrer Mitbürger und jeder Ihrer Mitbürgerinnen zugestehen. Daher bitte ich Sie alle sehr dringend:
Kehren wir für diese letzten Tage vor dem Wahltag – und
wenn eine Stichwahl notwendig werden sollte, für die Zeit
bis zur Stichwahl – von allen Seiten her zu einem Wahlkampf
zurück, der von demokratischer Reife Zeugnis gibt."

*Fernsehansprache [im Zusammenhang mit der Kandidatur von
Herrn Dr. Kurt Waldheim für das Amt des Bundespräsidenten],
22. April 1986*

„Wenn wir unsere Schaufensterfunktion für die Demokratie
aufgeben, dann, meine verehrten Mitbürgerinnen und Mitbürger, geben wir damit auch einen Teil der Sicherheit auf.
Ich übertreibe nicht. Die Neutralität allein wird zu wenig sein.
Wir müssen fest verankert sein als ein Beispiel für eine flo-
rierende, für eine blühende, für eine gelebte und nicht nur in
der Verfassung stehende Demokratie. Dazu gehört die Auseinandersetzung, dazu gehört aber im gleichen Maß wohl auch
das Zusammensetzen."

*Österreichische Weinmesse Krems, 23. Mai 1986*

„Eines werden wir uns bewusst bleiben müssen: Die Gefahr
für eine Abwertung der Demokratie kann nie ganz gebannt
werden, liegt sie doch zu jeder Zeit darin, dass die politischen
Kräfte in einer Demokratie nachlassen oder aufhören, mit allen Mitteln dafür zu arbeiten, dass jene Grundsätze verwirklicht werden, die der Demokratie wesensmäßig innewohnen:
Ich denke dabei an die gleichen Rechte und an die gleiche
Würde der Menschen, an die Freiheit des Einzelnen, die umfassend sein muss, aber nicht grenzenlos sein darf, und vor
mir steht auch die Pflicht des steten Suchens und Arbeitens
für ein zusätzliches Maß an Gerechtigkeit in allen Bereichen
des Lebens. Zu den unveräußerlichen Grundsätzen der Demo-

Rudolf Kirchschläger · *Ins Heute gesprochen*

kratie gehören aber auch die Toleranz und der Respekt vor den Rechten sowie auch vor den Überzeugungen des anderen, gleichgültig, ob auf politischem, religiösem oder weltanschaulichem Gebiet. Engagement für die Demokratie erfordert schließlich auch den Respekt vor den Minderheiten und den Angehörigen von Minderheiten und Zuwendung an jene Menschen, die aus irgendeinem Grund schwächer sind als wir und unserer Hilfe bedürfen. Der Demokratie verpflichtet sein heißt daher, sich nicht in satter Ruhe zufriedengeben zu dürfen, sondern wachsam zu bleiben und zu wissen, dass unsere Gesellschaftsform kein zeitloser Besitz ist, sondern mit der Blickrichtung auf den Menschen, auf den *Mit*menschen immer neu erworben und gerechtfertigt werden muss."

*Angelobung als Bundespräsident vor der Bundesversammlung,*
*8. Juli 1980*

„Politik im weitesten Sinn des Wortes findet ihre Rechtfertigung nur, wenn sie dem Menschen dient. Wir sind uns dessen bewusst, dass dieses Ziel allzu oft nicht erreicht wird. Und wir wissen auch, dass über den Weg zum besten Dienst am Menschen innerhalb eines Volkes, das die Glaubens- und Gewissensfreiheit und die Freiheit der Meinungsäußerung besitzt, verschiedene Auffassungen bestehen und auch nach außen in Erscheinung treten."

*Begegnung mit Papst Johannes Paul II. in der Wiener Hofburg,*
*11. September 1983*

# Föderalismus: Gemeinden

„Mir scheint die Tatsache, dass es keinen Quadratmeter Bundesgebiet gibt, der nicht Teil einer Gemeinde ist, sehr symbolhaft für die Wechselabhängigkeit, die zwischen Gesamtstaat und Gemeinden besteht."

*Österreichischer Städtetag, Graz, 8. Juni 1983*

„Das Heimatgefühl, die Aufgeschlossenheit für das öffentliche Leben, die Überwindung der ausschließlichen Sicht auf das eigene Ich und das Erkennen der Bedeutung des Mitmenschen, sie alle beginnen und haben ihre tiefe Wurzel im Leben in der Gemeinde."

*30 Jahre Österreichischer Gemeindebund, 25. März 1977*

„Die Gemeinde ist nach der Familie das erste organisierte Gemeinwesen, in welchem das Maß des Miteinanders, zu dem die einzelnen Menschen bereit sind, in Erscheinung tritt. Nach dem inneren Zustand der Gemeinden wird sich daher auch letztlich bestimmen, in welche zeitgeschichtliche Entwicklung wir eintreten."

*700-Jahr-Feier der Stadt Bludenz, 28. September 1974*

„Den Gemeinden, seien sie Städte, Märkte oder Dörfer, kommt für die Qualität des Lebens des einzelnen Staatsbürgers eine ausschlaggebende Bedeutung zu. Die Gemeinden sind es, die es am besten verstehen, das öffentliche Leben zu vermenschlichen. Nach dem inneren Zustand der Gemeinden wird sich daher auch letztlich bestimmen, welche zeitgeschichtliche Entwicklung wir gehen und ob es uns tatsächlich gelingt, den einzelnen Menschen zum Zentrum unseres politischen Handelns zu machen."

*800 Jahre Kapfenberg, 27. Oktober 1974*

„Die Gemeinde ist die große Schule des Lebens für den Staat, und es kann wohl ein gesunder Staat nur dann vorhanden sein, wenn es gesunde Gemeinden gibt."

*Eröffnung der Serfauser Dorfbahn, 16. Jänner 1986*

„In der Gemeinde hat der einzelne Mensch aber auch mehr als im Gesamtstaat die Möglichkeit, an der politischen Willensbildung – ich meine hier politisch im weitesten Sinn des Wortes – teilzunehmen. Dieser Teilnahmewille bietet einer Gemeindeverwaltung eine große Chance, die auf sie zukommenden Probleme in einer Weise zu lösen, der sich auch der einzelne Bürger verbunden fühlt. Nirgends im öffentlichen Leben ist die Wandlung vom Träger der Hoheitsgewalt zum Gestalter des Gemeinwesens und Partner jedes Bürgers so deutlich wie in der Gemeinde."

*Europäischer Gemeindetag, 3. April 1975*

„Wenn es den gewählten Vertretern in die Gemeinden gelingt, aus der Gemeinde eine wirkliche Gemeinschaft zu machen, die die Heimatliebe pflegt, die Demokratie wirklich lebt in der Gemeindestube, wenn es gelingt, in der Gemeinde einen Zusammenhalt zu finden, dann hat dies Auswirkungen auf unsere ganze Republik."

*1000 Jahre Aspang, 4. Juni 1983*

„Die Qualität des Lebens in einer Stadt überträgt sich relativ schnell und kräftig auf die Qualität des Lebens in der ganzen Republik und auch umgekehrt. Schwere Zeiten, die die Republik treffen, wirken sich unvergleichlich schneller auf das Leben in der Stadt aus, als auf das Leben in kleineren Gemeinden. Dies gilt glücklicherweise allerdings auch für gute Zeiten, also für jene, in denen unsere Republik international und national sich mit begründetem Selbstbewusstsein zu behaupten in der Lage ist."

*60 Jahre Österreichischer Städtebund, 8. April 1976*

# Föderalismus: Bundesländer

„Adressat des föderalistischen Prinzips sind nicht nur der Bund und seine Organe; Adressaten sind auch die Länder. Bund und Länder gemeinsam bilden eine historisch gewachsene Schicksalsgemeinschaft. Die Entscheidung zum Föderalismus ist bereits in den Jahren 1919 und 1920 gefallen; sie wurde 1945 erneuert. Hier bedarf es keiner Grundsatzdebatte mehr. Einrichtungsfragen und Fragen der Raumverteilung aber müssen in einem gemeinsamen Haus immer möglich sein. Es ist ja doch unser aller Wunsch, dass unsere Republik für alle ihre Bürger zur Heimat wird."

*60 Jahre Bundesverfassung, Gemeinsame Sitzung des Nationalrates und des Bundesrates, 3. Oktober 1980*

„Der Grundsatz der Bundesstaatlichkeit unserer Verfassung wurde aus sich selbst, das heißt aus dem Handeln der Ländervertreter, gerechtfertigt. Die Länderkonferenz hat die Unabdingbarkeit des föderativen Prinzips für unseren Staat als eine seiner Existenzgrundlagen unter Beweis gestellt; dies nicht in der Form, dass sie für die Länder Rechte oder Vorteile suchte, sondern in der Form, dass sich die Länder zum Gesamtstaat bekannten und unter politisch und wirtschaftlich schwierigsten Bedingungen zum Ausdruck brachten, was sie für den Gesamtstaat, für unsere Republik und deren Einheit und demokratischen Charakter zu leisten bereit sind."

*30. Jahrestag der Ersten Länderkonferenz, 26. September 1975*

„Alle unsere neun Bundesländer, die unsere Republik Österreich formen, sind in ihrem Schicksal so eng mit dem Gesamtstaat verbunden, dass es nichts gibt, was auf die Dauer einem einzelnen Bundesland nützen, dem Gesamtstaat aber schaden oder unserer gesamten Republik nützen und einem einzelnen Bundesland schaden könnte. Diese Tatsache ver-

Rudolf Kirchschläger · *Ins Heute gesprochen*

langt nach einem gegenseitigen umfangreichen Gespräch und nach einer gegenseitigen Rücksichtnahme, ohne die in keinem Lebensbereich ein dem einzelnen Menschen zum Wohl gereichendes Zusammenleben möglich ist."

*Besuch des Bundeslandes Kärnten, 20. Jänner 1975*

„Es waren die Landeshauptleute und die politischen Vertreter aller Parteien in den Bundesländern, vor allem jener, die wir damals mit dem Namen „Westen" bezeichneten, die sich trotz aller widrigen Umstände zu Österreich als einer Einheit bekannten und die damit der damaligen Staatsregierung in ihrem mutigen und schließlich erfolgreichen Bemühen um die Einheit unserer Republik beistanden."

*Feierstunde an der Ennsbrücke, 25. Oktober 1980*

„Die mutigen Männer und Frauen des April 1945 in Wien waren bedroht durch die Gefährlichkeit der Straße dieser Zeit, vor allem, wenn ein Weg am Abend notwendig wurde. Sie waren bedroht durch Reste einer grausamen, zwar zusammenbrechenden, aber auch im Zusammenbruch nicht minder gefährlichen Gewaltherrschaft – die erbarmungslose Exekution am Floridsdorfer Spitz ist nur eines der Beispiele hiefür. Sie waren bedroht durch das im Norden von Wien und teils selbst in Wien noch tobende Kriegsgeschehen und sie waren bedroht durch ihr Bekennen und ihr politisches Handeln, das immer, in unruhigen Zeiten aber mehr denn sonst, gefahrvoll ist."

*Festakt zur 30. Wiederkehr der Aufnahme der demokratischen Stadtverwaltung in Wien, 13. April 1975*

# Recht(sprechung)

„Nicht das absolut ideale, mathematisch durchkonstruierte Rechtsgebäude ist das erstrebenswerte Ziel. Das Recht muss zusätzlich in vernünftiger Weise zu handhaben und auch den verschiedenen Interessengruppen zumutbar sein."

*Österreichischer Juristentag, 5. Mai 1976*

„Nur dadurch, dass auch die Rechtsordnung den geänderten gesellschaftlichen Verhältnissen Rechnung trägt, sichern wir eine organische Entwicklung, eine demokratische Entwicklung in unserem Staat."

*Österreichischer Anwaltstag, 29. November 1979*

„Mit den im ABGB [Allgemeinen Bürgerlichen Gesetzbuch] kodifizierten Prinzipien und auch mit der Schönheit der Sprache hat das alte Österreich einen Beitrag zur Kodifikation des Zivilrechts geleistet, der eine Achtung der menschlichen Person, eine Offenheit für den menschlichen Fortschritt und das Postulat einer Annäherung des Rechts an die Gerechtigkeit in einem Maße verwirklicht, das uns – nicht nur in Österreich – auch heute noch Beispiel sein kann."

*Österreichischer Notariatskongress, 175 Jahre ABGB, 22. Mai 1986*

„Halten wir uns an das Recht als eine der tragfähigen Grundlagen menschlichen Zusammenlebens. Nützen wir nicht nur unser eigenes Recht, sondern respektieren wir auch das Recht des anderen und bleiben wir uns auch bewusst, dass es neben dem Recht auch noch eine Moral, ein ethisches Gesetz gibt, das uns auch in der Ausnutzung der uns vom Staat gewährten Rechte Grenzen setzt."

*Neujahrsansprache, 1. Jänner 1980*

„Die Freiheit des Einzelnen bestimmt sich – nicht allein, aber doch in einem besonderen Maße – nach der Effizienz der Rechtsschutzeinrichtungen, die dem Normunterworfenen zur Verfügung stehen."

*100 Jahre Verwaltungsgerichtsbarkeit in Österreich,*
*25. Oktober 1976*

„Das Maß der Freiheit, das den einzelnen Rechtsanwälten, das dem Rechtsbeistand gegeben ist, ist Spiegelbild des Freiheitsraumes des einzelnen Bürgers."

*Österreichischer Anwaltstag, 29. November 1979*

„Die(se) Kräftigung des Rechtsbewusstseins im einzelnen Menschen ist eine gute und glückliche Entwicklung, die zu pflegen ein Anliegen eines jeden staatlichen und politischen Organs in einer der individuellen Freiheit verschriebenen Demokratie sein müsste. Denn aus dem starken Rechtsbewusstsein des Einzelnen ersteht meines Erachtens eine der effektivsten, weil unmittelbaren Kontrollen aller staatlichen Organe, und ich schließe hier auch die Gesetzgebung nicht aus."

*100 Jahre Verwaltungsgerichtsbarkeit in Österreich,*
*25. Oktober 1976*

„Ich bekenne mich (daher auch) zu jenen, die für jede zusätzliche Rechtsschutzeinrichtung grundsätzlich offen sind – ob es nun vor mehr als einem Jahrzehnt die Anerkennung der Individualbeschwerde an die Europäische Menschenrechtskommission oder die Anerkennung der Zuständigkeit des Europäischen Gerichtshofes für Menschenrechte war, [ob es gilt,] eine Art allgemeines, dem Nationalrat direkt verantwortliches Beschwerde- und – vielleicht stärker noch – Zufluchtsorgan zu schaffen, oder ob auch der einzelne Amtsträger in noch stärkerem Maße zur Rechtsauskunft und Rechtshilfe zur Verfügung stehen und hiezu tatsächlich bereit sein soll – alles scheint mir geeignet, die Situation des Bürgers gegenüber dem auch heute noch sehr mächtigen Staat zu verbessern."

*100 Jahre Verwaltungsgerichtsbarkeit in Österreich,*
*25. Oktober 1976*

„Nur ein Richterstand, den aufgrund seiner überzeugenden Qualitäten das Volk respektiert und wertschätzt, ist auch in der Lage, die Unterstützung des Volkes dann in Anspruch zu nehmen, wenn seine Unabhängigkeit und die Freiheit seiner Rechtsprechung jemals infrage gestellt werden sollte."

*Österreichische Richterwoche, 6. Juni 1975*

[Der ideale Typ des Richters:] „Hohe juristische Qualifikation, vielseitige Bildung, eine mit Mitmenschlichkeit gepaarte Lebenserfahrung und die Bereitschaft und Fähigkeit zur Objektivität und zur Anerkennung der absoluten Gesetzesbindung setze ich als selbstverständlich und wohl auch unumstritten voraus. Wer um die menschliche Seite des Rechtssprechens weiß und damit die Schwere des Berufes des Richters kennt, wird von ihm auch keine Wertneutralität verlangen. Man würde dem Richter sonst seine innere Kraftquelle entziehen. Schwierig scheint mir dagegen die Frage zu beantworten, ob es ein Idealbild des Richters in der Form gibt, dass er sich entweder parteipolitischem Bekenntnis und ebensolcher Betätigung grundsätzlich verschließt oder dieser [gegenüber] offen ist – im ersten Fall mit dem Argument einer bewussten Dokumentation seiner Unabhängigkeit, im zweiten Fall mit dem Ausdruck seines Engagements, für die Weiterentwicklung der Gesellschaft nach seinen Wertvorstellungen aktiv zu sein."

*100 Jahre Verwaltungsgerichtsbarkeit in Österreich,*
*25. Oktober 1976*

Rudolf Kirchschläger · *Ins Heute gesprochen*

„Es ist Ausdruck eines zusätzlichen Maßes sozialer Verantwortung des Richters, dass er sich nunmehr auch mit der Frage des Strafvollzuges intensiver zu befassen beginnt und sich damit auch zu befassen hat. Es genügt also nicht, bloß Recht zu sprechen, sondern mit jedem Urteil übernimmt der Richter auch einen Teil der Verantwortung dafür, wie sich die verhängte Strafe oder die ausgesprochene Weisung auf den Verurteilten und auf die Gesellschaft – beide soll er im Auge haben – auswirkt."

*Österreichische Richterwoche, 22. Mai 1976*

„Über Menschen zu richten – und vergessen wir nicht: Auch Entscheidungen über Sachansprüche bedeuten in der Regel, über Menschen zu richten – verlangt, den Menschen, über dessen Anspruch abgesprochen wird, auch zu kennen. Und kennenlernen kann man jemanden nur, wenn man bereit ist, ihn auch anzuhören."

*Österreichische Richterwoche, 12. Oktober 1979*

„Wir wissen heute noch nicht, was wir für die Unabhängigkeit der Gerichtsbarkeit gegenüber den Massenmedien anzubieten haben, es sei denn starke Persönlichkeiten, die sich durch Veröffentlichungen nicht beeinträchtigen lassen. Aber wir alle wissen, dass die Gesellschaft nicht allein aus starken Persönlichkeiten besteht und dass sie nicht die dominierende Mehrheit sind."

*Tagung der Europäischen Anwaltsorganisationen, 7. Februar 1986*

„Ich glaube, Sie [= Univ.-Prof. Dr. Alfred Verdroß] wissen es, dass mit dem unendlich wenigen Geld, das ich zum Teil durch Schneeschaufeln und andere Dinge verdienen musste, es Ihr Buch war, Ihr „Völkerrecht", das ich mir als Hilfe zum Studium im Jahre 1937 gekauft habe."

*Mittagessen anlässlich des 90. Geburtstages von
Univ.-Prof. Dr. Alfred Verdroß, 21. Februar 1980*

# Landesverteidigung

„Das Österreichische Bundesheer ist ein nicht verzichtbarer Bestandteil einer umfassenden Landesverteidigung, und diese umfassende Landesverteidigung ist ein nicht verzichtbarer Bestandteil der Unabhängigkeit und der Freiheit."

*Angelobung am Stadtplatz von Steyr, 25. Oktober 1980*

„Wir erleben es, auf welch zarten Füßen doch das Gleichgewicht in der Welt steht und wie fast selbstverständlich wir die Nachrichten hinnehmen, dass irgendwo in der Welt Krieg, Kampf, Auseinandersetzung ist. Und solange diese Möglichkeit des Krieges nicht aufhört, solange nicht in der Welt wirklich jenes Vertrauen geschaffen ist, das eine umfassende, ehrliche und aufrichtige Abrüstung ermöglicht, so lange müssen wir als immerwährend neutraler Staat in der Mitte Europas auch für unsere Verteidigung sorgen, für eine umfassende Landesverteidigung. Das Bundesheer aber ist ein Rückgrat, nein: ist *das* Rückgrat in dieser umfassenden Landesverteidigung."

*20-Jahr-Feier der Panzertruppenschule Himberg,*
*26. September 1980*

„Ich zähle sicher nicht zu jenen, welche eine Bundesregierung, welcher Zusammensetzung immer, unter Denkmalschutz stellen wollen. Ein Kräfte- und Ideenstreit ist notwendiger Teil der Demokratie. Aber die Verteidigungspolitik und die Außenpolitik scheinen mir die im Staatsinteresse am wenigsten geeigneten Objekte für eine politische Auseinandersetzung und einen Kampf gegen die Regierung zu sein, vor allem dann, wenn gemeinsame Beschlüsse vorliegen."

*50 Jahre Gardebataillon, 4. Mai 1985*

„Sie geloben (schließlich), mit all Ihren Kräften der Republik Österreich und dem österreichischen Volk zu dienen, und Sie werden dieses Wort ‚dienen' an einem Tag aussprechen, an dem zum ersten Mal Ihnen als junge Leutnante die Macht und die Verantwortung eines Offiziers gegeben ist."

*Ausmusterung an der Theresianischen Militärakademie,*
*21. September 1975*

„Modern ist ein Heer, das in seiner Bewaffnung und Ausrüstung den Erfahrungen und Erkenntnissen moderner Verteidigung, aber auch moderner Katastrophenhilfe Rechnung trägt. ... Modern ist ein Heer aber auch nur dann, wenn innerhalb des Heeres, bei aller Anerkennung notwendiger militärischer Strukturen, jenes gesellschaftliche Miteinander Platz greift, das wir im übrigen staatlichen und persönlichen Zusammenleben in unserer Republik erwarten und immer mehr vervollkommnen wollen.

*Ausmusterung an der Theresianischen Militärakademie,*
*22. September 1974*

„Die Aufgaben des Bundesheeres gehen weit über die Tagespolitik hinaus. Seine Glaubwürdigkeit in der Erfüllung der Verteidigungsaufgabe ist und bleibt ein wesentliches Element der österreichischen Friedenspolitik."

*Tagesbefehl an das österreichische Bundesheer, 1. Jänner 1986*

„Die immerwährende Neutralität unserer Republik ist die Grundlage für unsere politische Stellung in der Welt. Und diese politische Stellung ist wahrhaft gut. Die klare Einhaltung der neutralitätsrechtlichen Pflichten verbunden mit einer weltoffenen und von internationaler Solidarität getragenen Neutralitätspolitik ist ein Pfeiler, auf dem die Sicherheit unseres Landes beruht, die militärische Landesverteidigung, die dem Bundesheer obliegt, ist ein anderer Pfeiler. Gemeinsam mit dem Ja der Österreicher und Österreicherinnen zu dieser Republik sehe ich auch in einer vielleicht manchmal unruhigen Zukunft eine gute Sicherheit für unser Land und für unser Volk."

*Ausmusterung an der Theresianischen Militärakademie,*
*22. September 1974*

Rudolf Kirchschläger · *Ins Heute gesprochen*

# Politische Parteien

„Ohne die Existenz mehrerer voneinander absolut unabhängiger politischer Parteien ist das Funktionieren eines demokratischen Gemeinwesens undenkbar und ausgeschlossen.
Allzu leicht wird dieser hohe Wert der politischen Parteien, gleichgültig, ob sie sich in Regierungsverantwortung oder in der Stellung einer Oppositionspartei befinden, unterschätzt."
*Eröffnung des Studienzentrums der Politischen Akademie der ÖVP,*
*28. März 1977*

„Der Bundespräsident und die politischen Parteien tragen nicht eine abgestufte, sondern gemeinsam eine gleichstufige Verantwortung für das Volk und für den Staat. Dass dabei, dem von den Wählern erteilten Auftrag gemäß, die politischen Parteien vorerst auf eine weitestmögliche Durchsetzung ihres Programmes, der Bundespräsident aber auf das Finden eines möglichst großen gemeinsamen Nenners in der Erfüllung der Staatsaufgaben bedacht sein muss, ändert nichts an dieser Gemeinsamkeit der Verantwortung."
*25 Jahre Freiheitliche Partei Österreichs, Mozarteum Salzburg,*
*16. Mai 1981*

„Vielleicht werden (aber) auch – selten ist im Leben die Schuld nur auf einer Seite – die politischen Parteien und die politischen Mandatare von Zeit zu Zeit eine Selbstprüfung in der Richtung machen müssen, ob sie noch immer Dienende an der Idee und am Staate und Volke sind und ob nicht allenfalls wirkliche oder vermeintliche Macht das Leben und den Lebensstil der Partei oder des Einzelnen unzulässig verändert hat."

*30. Jahrestag des Zusammentrittes des Nationalrates und des*
*Bundesrates nach der Wiedererrichtung der Republik Österreich,*
*Festsitzung der Bundesversammlung, 19. Dezember 1975*

„Wer die stenografische Verhandlungsschrift über diese Länderkonferenz [vom 15. bis 17. Februar 1920] liest – und es ist wahrhaft wert, diese 89 Druckseiten zu lesen –, der stellt teils mit Überraschung, teils aber auch als ihm bekannte logische Konsequenz politischen Handelns fest, dass die Länderkonferenz damals schon mit derselben Erscheinung befasst war, die uns heute auch noch bei Beratungen des Bundesrates entgegentritt: Die Bindung an die eigene Partei, an die eigene Gesinnungsgemeinschaft, man könnte auch sagen, die Parteidisziplin kommt in fast allen Verhandlungsbeiträgen wesentlich stärker zum Durchbruch als die Zugehörigkeit zu einem bestimmten Bundesland."

*Festakt zu 60 Jahre Österreichische Bundesverfassung, Salzburg, 22. April 1980*

„Voraussetzung für die Erklärung vom 27. April war aber zusätzlich, dass sich am 14. April 1945 die Sozialistische Partei Österreichs, hervorgegangen aus den Sozialdemokraten und revolutionären Sozialisten, und am 17. April die Österreichische Volkspartei als Organisationsform des ehemaligen christlichsozialen Lagers auch formell gebildet haben und damit verhandlungs- und aktionsfähige politische Parteien als Gesprächspartner zu den Besatzungsmächten wie auch als ebenbürtige Gesprächspartner untereinander und auch zur Kommunistischen Partei Österreichs vorhanden waren. Und wenn noch vor der Unabhängigkeitserklärung auch der Österreichische Gewerkschaftsbund der Versuchung auf Wiederholung der Richtungsgewerkschaften der Zwischenkriegszeit widersagte und sich als ein alle politischen Fraktionen umfassender Gewerkschaftsbund konstituierte, so scheint mir auch diesem Zeitmoment mehr als nur Symbolkraft innezuwohnen."

*Gemeinsame Festsitzung des Nationalrates und des Bundesrates anlässlich des 40. Jahrestages der Gründung der Zweiten Republik, 27. April 1985*

Rudolf Kirchschläger · *Ins Heute gesprochen*

„Es war eine der bedeutendsten Lehren, welche die Zweite Republik aus der Geschichte gezogen hat, dass es zwischen den politischen Parteien im Jahre 1945 ohne große Auseinandersetzung ein Einverständnis darüber gab, dass die Wehrverbände nicht mehr errichtet werden sollen."

*Gedenkstunde an den Februar 1934, 11. Februar 1984*

„Bundeskanzler Alfons Gorbach und Vizekanzler Bruno Pittermann sind 30 Jahre nach diesen dunklen Tagen unserer Geschichte als Repräsentanten der österreichischen Volkspartei und der Sozialistischen Partei Österreichs gemeinsam zu den Gräbern der Exekutive und der Februarkämpfer am Wiener Zentralfriedhof gegangen. Sie haben damit in einer Zeit, in der die damalige Koalition sich sehr vielen Problemen gegenüber sah und in der öffentlichen Meinung an Anziehungskraft einzubüßen begann, ein vielbeachtetes Zeichen eines demokratischen Verständnisses gegeben, für das wir alle dankbar sein müssen."

*Gedenkstunde an den Februar 1934, 11. Februar 1984*

„Es hat sich offenbar ein tiefgehendes, rational gar nicht immer erfassbares Unbehagen gegen die politischen Parteien angehäuft. Angesichts dessen wird es wohl notwendig sein, dass alle Parteien ihre Aufgabe und ihre Rolle im Staat erneut überdenken und von manchem Beiwerk befreien, das sich im Laufe der Zeit angesammelt hat. Nicht alles, was der Mehrung des Einflusses oder der Durchsetzung eigener Zielvorstellungen einer Partei zu dienen scheint – die Postenbesetzungen vom Generaldirektor bis zum Volksschuldirektor mit eingeschlossen –, dient auch wirklich diesem Zweck."

*Neujahrsansprache, 1. Jänner 1986*

„Ohne Zweifel, welche Partei Regierungsverantwortung trägt und welche Partei in der Opposition ist, ist für die jeweilige Partei und für die ganze Gesinnungsgemeinschaft, die sich ihr verbunden fühlt, von großer Bedeutung. Aber wirklich entscheidend für unsere ganze Republik Österreich – und dafür sind Sie alle Lebenszeugen – und für das ganze österreichische Volk ist und bleibt doch, dass die Demokratie nicht nur als Verfassungsprinzip, sondern auch als echte Lebensform in Österreich erhalten bleibt."

*Jahresversammlung des Dokumentationsarchivs des österreichischen Widerstandes, 12. März 1986*

„Diejenigen, die in diesem Land [Steiermark] die Verantwortung trugen, haben nie großen Wert darauf gelegt, an höherem Orte – soweit es für sie einen solchen gab – einen gehorsamen oder gar einen untertänigen Eindruck zu machen. Das galt schon für den Traungauer Otakar III., der darob auch erleben musste, dass Österreich 24 Jahre früher Herzogtum wurde als die Steiermark. ... Niemandem (aber), der etwa heute im politischen Leben in der Bundeshauptstadt Verantwortung trägt, sind die frischen steirischen Winde unbekannt, die gelegentlich über den Semmering blasen und nicht ganz selten von Gesinnungsfreunden kommen; etwas Ähnliches soll es auch auf dem literarischen oder überhaupt auf dem kulturellen Gebiet geben. Auch dazu lassen Sie mich Ihnen gratulieren, denn mir scheint gerade in einer Demokratie und in einer freien Kulturgesellschaft das selbstständige und selbstbewusste Denken der Menschen eine der Grundvoraussetzungen für ein wirkliches Funktionieren dieser unserer Gesellschaftsform."

*800-Jahr-Jubiläum der Erhebung der Steiermark zum Herzogtum, 23. Juni 1980*

„Demokratie und die existenziell dazugehörige Freiheit der Meinungsäußerung bedeuten ja nicht nur Freiheit zur Kritik, sondern wohl auch Freiheit zu einem gelegentlich guten Zuspruch oder zu einer Anerkennung selbst über Parteigrenzen hinweg."

*Gemeinsame Festsitzung des National- und des Bundesrates anlässlich der Verabschiedung des Bundespräsidenten, 8. Juli 1986*

# Politik und Menschenwürde

„Und für uns beide ist die Überzeugung bestimmend, dass Menschenwürde und Menschenrechte fundamentale Grundsätze sind, deren Verwirklichung das Ziel der Außen- wie der Innenpolitik sein muss."

*Tischrede beim Staatsbesuch des Präsidenten von Sambia,*
*18. Juni 1977*

„Über den Systemen steht der Mensch und wird immer der Mensch stehen. Für die Menschen, für ihre Würde und die ihnen angeborenen Rechte, für den Frieden zwischen den Staaten und Völkern, für eine ehrliche und offene Kooperation zu arbeiten, ist beglückend und gibt dem Leben seinen tiefen Sinn."

*Tischrede beim Staatsbesuch in der Tschechoslowakischen*
*Sozialistischen Republik, 12. März 1979*

„Immer war es der Geist echter Humanität, der die Initiativen und die Arbeiten für die Menschenrechte beflügelt, immer war es auch die Hoffnung der Menschheit, dass eine Zeit kommen müsse, in der die Würde jedes einzelnen Mitglieds der menschlichen Gesellschaft von den Staaten und ihren Organen geachtet und geschätzt werde."

*30 Jahre Allgemeine Erklärung der Menschenrechte, Österreichische*
*Liga für Menschenrechte, Wr. Neustadt, 9. Dezember 1978*

„Das Demokratieprinzip unserer Bundesverfassung verlangt nicht nur nach freien Wahlen; es verlangt auch nach einem Lebens- und Arbeitsstil, der auch nach der Wahl erkennen lässt, dass wir uns nur als Bevollmächtigte, als Beauftragte unseres Volkes fühlen und nicht als Glieder einer begünstigten Klasse. Dieses selbe Demokratieprinzip, es gebietet nicht nur die Anerkennung genau umschriebener politischer Minderheitsrechte in Gesetzgebungs- und Kontrollverfahren der gesetzgebenden Körperschaften des Bundes und der Länder, sondern es gebietet auch eine Toleranz, die nichts mit Gleichgültigkeit, aber sehr viel mit der Anerkennung der Würde des Mitmenschen zu tun hat."

*60 Jahre Bundesverfassung, Gemeinsame Sitzung des*
*Nationalrates und des Bundesrates, 3. Oktober 1980*

„Welt- und kontinentweit werden internationale Verträge über die Sicherung der Menschenrechte abgeschlossen. Alle diese Verträge werden ein Stück Papier bleiben, wenn es nicht gelingt, im staatlichen Bereich, im Rahmen der Gemeinden und im wirtschaftlichen Bereich im Rahmen der einzelnen Unternehmen die Grundvoraussetzungen für die Achtung vor der menschlichen Würde des Einzelnen und die Anerkennung der Gleichheit aller Menschen durchzusetzen."

*4. Internationaler Produktivitätskongress, 9. Oktober 1974*

„Durch die von den Regierungen völlig unabhängige Europäische Menschenrechtskommission und den Europäischen Gerichtshof für Menschenrechte hat das im Europarat vereinte Europa von Straßburg aus der Welt ein Signal und ein Beispiel dafür gegeben, welche Wege zu einer vom Staat unabhängigen Sicherung der Menschenrechte führen."

*30 Jahre Allgemeine Erklärung der Menschenrechte,*
*Schweigemarsch von Amnesty International im KZ Mauthausen,*
*10. Dezember 1978*

„Die Spannung, die aufgrund einer Reaktion der Massensolidarität gegenüber einer Aktion entstanden ist, die als eine von außen kommende Einmischung in den Präsidentenwahlkampf interpretiert wurde und zwangsläufig ihre Auswirkungen auch auf unsere jüdischen Mitbürger hatte, ist im Abklingen. Dennoch bitte ich heute erneut alle Mitbürger und Mitbürgerinnen, vor allem jene, die politische Verantwortung tragen, diesen Prozess der inneren Beruhigung mit ganzer Kraft zu fördern. Antijüdische Gefühle haben uns in unserer Geschichte bisher nie Nutzen oder Segen gebracht, sie sind außerdem zutiefst inhuman. Der Beitrag aber, den wir Österreicher seit 1945 und insbesondere seit 1955 zur Humanität in Europa und damit auch für die Welt erbracht haben, darf nicht verloren gehen, weder als innerösterreichische Grundeinstellung noch in unserer internationalen Reputation."

*Fernsehansprache [im Zusammenhang mit der Kandidatur von Herrn Dr. Kurt Waldheim für das Amt des Bundespräsidenten], 22. April 1986*

„Vergessen wir schließlich auch nicht, dass der Weg einer Verletzung der Menschenrechte und der Würde des Menschen auch nur gegenüber einem Menschen oder gegenüber einer auch nur minoritären Gruppe von Menschen, einmal beschritten, sich unaufhaltsam ausbreitet und vermehrt."

*Neujahrsansprache, 1. Jänner 1980*

„In der Welt von heute [sind] die Grundrechte der Menschen nicht nur von der staatlichen Macht her gefährdet ..., sondern auch durch die Mitmenschen und auch durch die öffentliche oder die veröffentlichte Meinung. Wir müssen gerade in unserer Gesellschaftsordnung, für die wir das anspruchsvolle Wort ‚freie Gesellschaft' verwenden, auch diesem gesellschaftlichen Phänomen unser Augenmerk zuwenden. Wir werden dieser Erscheinung wohl weniger mit Rechtsnormen begegnen können, sondern mehr durch Erziehung zur Verantwortung und zur mitmenschlichen Toleranz."

*Europäische Ministerkonferenz über Menschenrechte, Wien, 19. März 1985*

„Alle großen und guten, der Menschheit zum Wohl gereichenden Entwicklungen, aber auch ebenso das grauenhaft Böse, nimmt nahezu immer seinen Anfang in kleinen Handlungen, in kleinen Ereignissen, in kleinen Entwicklungen. So wie dieses Konzentrationslager auch gedanklich nicht aus dem Nichts heraus geschaffen wurde, so bedarf auch die Verwirklichung der Menschenrechte des Respekts vor den Menschenrechten und des starken Bewusstseins ihrer Kraft im Bereich der Familie, des Arbeitsplatzes, der Gemeinde und schließlich des eigenen Staates."

*30 Jahre Allgemeine Erklärung der Menschenrechte,*
*Schweigemarsch von Amnesty International im KZ Mauthausen,*
*10. Dezember 1978*

Rudolf Kirchschläger · *Ins Heute gesprochen*

# Minderheitenschutz

„Die Gewährung eines umfassenden Schutzes für alle Lebensbereiche einer Minderheit ist nicht Ausdruck des Nachgebens oder eines sogenannten Ausverkaufs, sondern ist Bekenntnis der inneren Stärke und gleichzeitig geschichtliche Verpflichtung aus österreichischer Vergangenheit."

*Fernsehansprache zum Nationalfeiertag, 26. Oktober 1976*

„Niemand [kann] nach außen hin mehr geben ..., als er im Inneren hat. Darum werde ich auch nicht müde, immer wieder zu einer gelebten Demokratie nicht nur als Staats-, sondern auch als Lebensform zu mahnen und nach Toleranz und Achtung vor den Mitmenschen zu rufen. Darum bin ich auch immer für das Lebensrecht und für die Entfaltungsmöglichkeiten von Minderheiten eingetreten und werde dies auch weiter tun."

*Landesfeier zu 60 Jahre Volksabstimmung in Kärnten, 10. Oktober 1980*

„Ich habe in meinen früheren Funktionen selbst Minderheitenansprüche und -wünsche gegenüber dem Ausland vertreten und weiß aus der damit zusammenhängenden tieferen Befassung mit den Problemen einer Volksgruppe, dass eine Minderheit gelegentlich etwas mehr braucht als nur Gleichbehandlung; sie braucht bewusste Förderung, um sich schon allein psychologisch nicht in eine Abseitsstellung gedrängt zu fühlen."

*Schülerakademie im Bundesgymnasium der Slowenen, Klagenfurt, 16. Mai 1976*

„Regelungen des Verhältnisses zwischen der Mehrheit und der Minderheit sind nur dann auf Dauer und erfüllen nur dann die gerade im heutigen Europa so wichtige Aufgabe, die Minderheit zu einem Bindeglied zwischen verschiedenen Völkern oder Sprachgruppen zu machen, wenn in einem oft sehr mühevollen demokratischen Überzeugungsprozess beide Teile sich zu einem gemeinsamen Weg durchringen. Dass hiebei Verträge ebenso wie Beispiele in anderen Ländern eine wichtige Rolle spielen, sei nicht unerwähnt."

*Besuch des Landes Kärnten, 20. Jänner 1975*

Rudolf Kirchschläger · *Ins Heute gesprochen*

# Migration

„Dass wir ein Land geworden sind, in das im Laufe der letzten
vier Jahrzehnte Hunderttausende Menschen geflüchtet sind,
und nicht ein Staat, aus dem sie sich zur Flucht veranlasst gesehen haben, das war kein Zufall, sondern das verdanken wir
dem Selbstvertrauen, dem Mut und der politischen Klugheit
vieler."

*Gemeinsame Festsitzung des National- und des Bundesrates
anlässlich der Verabschiedung des Bundespräsidenten, 8. Juli 1986*

„Das Recht, Asyl zu verlangen, und das Recht, Asyl zu gewähren, sind keine Rechte, auf die tatsächliche oder vorgebliche
alte Schulden von Völkern und Stämmen aufgerechnet werden dürfen. Überhaupt für Menschen in Not, gleichgültig aus
welchem Grund, gibt es keine Aufrechnung, sondern nur die
Pflicht zur Hilfe. Für Menschen in Not ist es auch gerechtfertigt, den anderen Mitmenschen zusätzliche Lasten aufzuerle-
gen; ebenso ist das Erbitten fremder Hilfe zur Abstellung von
Notständen keineswegs beschämend."

*Festakademie zum 1500. Todestag St. Severins, Enns, 8. Jänner 1982*

„Vielleicht vergessen wir in Österreich und vergisst man
in Europa auch allzu leicht die europäische friedenserhal-
tende Funktion, die unsere Republik, angefangen von den
schwersten Zeiten des Jahres 1945 durch all die Jahre hindurch bis zum Heute dadurch erfüllte, dass sie Menschen,
die über unsere Grenzen getrieben wurden, und Menschen,
die an unseren Grenzen Zuflucht suchten, aufgenommen
und nicht in Lagern separiert gehalten, sondern in das österreichische Volk und in die österreichische Wirtschaft
integriert hat. Nur durch diese Integration ist es möglich
geworden, die Erschütterungen, die eine zwangsweise Um-
siedlung in der Geschichte bisher immer mit sich gebracht

hat, zu vermeiden und das Entstehen von Organisationen und Gruppen, die ihren Lebensinhalt in der Revanche sehen, hintanzuhalten."

*Eröffnung der Ausstellungshalle der Gablonzer Industrie in Enns, 18. April 1975*

„Mit den Pfarrpatenschaften für Indochinaflüchtlinge haben Sie, meine verehrten Mitbürger, in den einzelnen Gemeinden und Pfarren einen Weg der Flüchtlingsbetreuung beschritten, der sehr viel innere Begeisterung, sehr viel an Enthusiasmus, sehr viel Ausdauer und darum sehr viel Mitmenschlichkeit, sehr vieler Liebe bedarf. Aber, wenn überhaupt eine Integration möglich ist, dann glaube ich, ist der Weg, den Sie gegangen sind, jener Weg, der am ehesten dazu führen kann, dass unsere Mitmenschen, welche wir in ihrer Not aufgenommen haben, sich bei uns nicht zeitlebens als Flüchtlinge fühlen, sondern dass sie in Österreich und in den Gemeinden, in ihren Gemeinschaften eine echte Heimat finden – eine Heimat, die sie nicht die alte Heimat vergessen lassen soll, aber eine Heimat in dem Sinn, dass sie wissen, dass hier Menschen in Österreich sind, die die Güte in sich tragen."

*Ehrenzeichenverleihung im Bundesministerium für Inneres, 19. Dezember 1980*

„Im Jahre 1956 hat Österreich im Zusammenhang mit den revolutionären Ereignissen in Ungarn – kaum ein Jahr nach Übernahme der immerwährenden Neutralität – eine Asylpolitik begonnen in einer Größe und in einem Ausmaß, wie sie bis dahin weder in Europa noch anderswo üblich gewesen ist. Wir haben in Österreich damals diese weit die Zahl 100.000 überschreitenden Flüchtlinge aufgenommen und haben sehr früh damit begonnen, sie zum Teil in das österreichische Volk zu integrieren, zum Teil aber ihnen die Ausreise in andere Flüchtlingsaufnahmeländer zu ermöglichen. Dadurch, dass wir nicht den Weg gegangen sind, der anderswo gegangen wurde, wo Flüchtlinge in Camps gehalten wurden und in Flüchtlingslagern Kinder bekommen haben, die inzwischen erwachsen [sind] und immer nur von ihrem Flüchtlingselend gehört haben und davon, was ihnen an Recht [und] an Heimat genommen wurde, sondern dass wir das Lagerdasein weitestmöglich vermieden haben. Dadurch haben wir vermieden, hier in der Mitte Europas eine Zone der Unruhe, eine Zone des Hasses entstehen zu lassen. Wir haben die Rachegefühle, die bei den Flüchtlingen am Anfang vielleicht noch vorhanden waren, abbauen können, wir konnten viele in das Menschsein zurücklieben und das Revanchedenken ist in Österreich mehr oder minder nicht aufgetreten.

Ich glaube, dass diese Behandlung der Flüchtlinge in Österreich im Jahre 1956 – und sie wiederholte sich dann Tag für Tag bis zum heutigen Tag, an welchem Flüchtlinge aus den Nachbarstaaten und ferneren Ländern zu uns kamen und hatte einen Zwischenhöhepunkt bei den tschechoslowakischen Ereignissen des Jahres 1968 – ein wirklicher effektiver Beitrag zu einer friedlichen Entwicklung in Europa gewesen ist. Unsere Republik hat aber auch dadurch einen entscheidenden Beitrag zu einem Frieden in Europa geleistet, dass wir es verstanden haben, in einer politisch sehr schwierigen geografischen Position, vergleichbar nur mit der Position der Schweiz in der Zeit des deutsch-französischen Gegensatzes, Österreich zu einem echten Land der Mitte und einem Land der Begegnung zu machen und dabei doch in unseren gesellschaftspolitischen Aussagen und auch in unserer gesellschaftspolitischen Haltung unbeirrt geblieben sind, wie alle demokratischen Wahlen in unserer Republik gezeigt haben, in denen völlig eindeutig unser Bekenntnis zum System der freien parlamentarischen Demokratie abgelegt wurde."

*32. Internationale Pädagogische Werktagung Salzburg,*
*19. Juli 1983*

„Dass wir von den ersten Monaten unserer Unabhängigkeit an Erstasylland in einem Maße geworden sind, welches ein beredtes Zeugnis von der österreichischen Konzeption der Menschenwürde und der Menschenrechte gegeben hat, ist ein bereits geschichtliches Faktum. Wir haben uns zu dieser Aufgabe nicht gedrängt, aber wir haben sie, nachdem sie auf uns zukam, auch angenommen. Dass wir darüber hinaus aber – verzeihen Sie diese hohe Eigenschätzung – kraft einer klugen Politik diese Flüchtlinge, soweit sie nicht von anderen Staaten endgültig aufgenommen wurden, in Österreich zu integrieren verstanden und dadurch das Aufkommen von politischen und revanchistischen Gefahren hintangehalten haben, das Asylrecht also nicht gegen Staaten, sondern ausschließlich *für* die Menschen angewandt haben, ist wohl einer jener Beiträge zum Weltfrieden, an den gerade im Vergleich mit anderen Regionen einmal zu erinnern wohl tunlich erscheint."

*Empfang für das Diplomatische Corps, 8. Jänner 1986*

„Ich freue mich aber auch darüber, dass es Ihnen gleichzeitig mit dieser vollen Integration auch gelungen ist, Ihre kulturelle und gesellschaftliche Eigenständigkeit und Ihr Gemeinschaftsgefüge zu bewahren, sowie die geistigen und menschlichen Wurzeln weiter zu pflegen, aus welchen Sie, von Ihren Vorfahren überkommend, die Kraft für die Ihnen eigenen Ihr Wesen bestimmenden Eigenschaften gefunden haben. Und ich gratuliere Ihnen dazu, dass Sie Kraft, Wille und Fähigkeit aufgebracht haben, diese Ihre Identität und dieses Ihnen eigene Sein auch auf Ihre Kinder und Kindeskinder zu übertragen und sie dabei ohne jede Einschränkung zu Bürgern Ihrer neuen Heimat zu erziehen."

*Sudetendeutscher Tag, 21. Mai 1983*

„Wir alle leiden ja unter Schablonen. Wir denken schablonenhaft über unsere Mitmenschen, die aus einem anderen Kontinent oder mit einer anderen Hautfarbe kommen und die anderen tun dasselbe. Wie sollten sie es auch nicht? Hier das Menschenbild zurechtzurücken, ist eine Aufgabe, die man in keinen Lehrplan hineinschreiben kann. Aber es ist eine Aufgabe von einer ungeheuren gesellschaftspolitischen Bedeutung.

Eine Aufgabe auch, an der viele mitwirken müssen: Nicht nur die Lehrer und Professoren hier oder in den Höheren Technischen Lehranstalten oder in den Unternehmen, sondern hier müssen wir alle zusammenarbeiten, um jenes Bild entstehen zu lassen, das den Glauben an die Gerechtigkeit nicht verdorren lässt und das uns auch Hoffnung für die Zukunft gibt."

*10 Jahre Ausbildungszentrum für Entwicklungshilfe, Mödling*
*9. Oktober 1979*

# Gesellschaftliches Leben

„Wir haben Österreich so schön gemacht wie nie zuvor und die Not auf ein Maß vermindert, das uns zwar nicht gestattet, in unserem Bemühen innezuhalten, aber uns doch erlaubt, über den Fortschritt uns zu freuen."

*Staatsakt aus Anlass der 25. Wiederkehr des Tages der Unterzeichnung des Österreichischen Staatsvertrages, 15. Mai 1980*

„Ich würde mich ... freuen, wenn Sie die Überzeugung mitnehmen, dass hier in der Mitte Europas ein Staat und ein Volk lebt, das zwar eine gewisse Treue zur Vergangenheit besitzt, aber auch im Heute und im Morgen verankert ist."

*XVII. Konferenz der Europäischen Zellstoff- und Papierindustrie, 10. Oktober 1977*

„Gesellschaftliche Entwicklungen vollziehen sich unabhängig davon, ob der Staat auf sie Rücksicht zu nehmen bereit ist."

*30 Jahre Europäisches Forum Alpbach, 5. September 1974*

„Das Seilbahnwesen, das auf den ersten Blick für den Laien eine rein technische und allenfalls wirtschaftliche Sache darstellt, wird bei näherer Betrachtung zu einem sehr getreuen Spiegelbild der allgemein gegebenen wirtschaftlichen und politischen Situation in einem Lande, auf einem Kontinent, in der ganzen Welt. Mit einer Seilbahn zu fahren zählt, von Ausnahmefällen abgesehen, nicht zu den unmittelbaren Lebensbedürfnissen der Menschen. Eine starke Benutzung von Seilbahnen spiegelt also die Tatsache wider, dass die Menschen die Möglichkeit haben, sich über die unmittelbaren Lebensbedürfnisse hinaus auch Dinge zu leisten, die der Gesundheit und der Freude am Schönen dienen. Ein stark entwickeltes Seilbahnwesen, das sehr selten nur auf die Inländer allein ausgerichtet sein kann, zeigt aber auch, dass auf einem Kontinent ein friedliches Miteinander, eine Atmosphäre der Begegnung herrscht. In Kriegszeiten und in Zeiten hoher Spannung baut man keine Seilbahn."

*4. Internationaler Seilbahnkongress, 23. Juni 1975*

„Es ist uns gelungen, zu unserer schweren Vergangenheit in der Gegenwart ein Gleichgewicht herzustellen. Jetzt gilt es, uns für die kommenden Jahrzehnte vorzubereiten, denn es werden viele Probleme an uns herankommen. Wir müssen zu der Sorge um das materielle Wohlergehen stärker die Sorge um das geistige, um das ideelle gesellen. Wir müssen auf das Wohl unserer Familien Bedacht nehmen, wir müssen die Rolle der Gemeinden stärken und das Verhältnis des Gesamtstaates zu den Bundesländern immer wieder neu überdenken. Wir müssen aber vor allem persönlich die Brücken bauen, auch zu jenen Mitbürgern, die uns nicht nahestehen."

*Fernsehansprache zum Österreichischen Nationalfeiertag,*
*26. Oktober 1979*

„Die uns in manchen Ländern vorgelebte Art der Überflussgesellschaft hat uns weder geistig noch materiell das gebracht, was wir uns als Gegenwart oder auch als Zukunft für unsere Kinder vorstellen."

*Neujahrsansprache, 1. Jänner 1975*

„Eine Gesellschaft (aber), die keine lebenden glaubwürdigen Leitbilder – und zwar auch im Bereich der kleineren Gemeinschaften bis zur Familie hin – hat, verliert ihre innere Zusammengehörigkeit, ihre gemeinsame Basis, wird amorph und bleibenden Werten gegenüber indifferent."

*25 Jahre Evangelische Akademie in Kärnten, 22. April 1976*

„Mit dem Abnehmen einer Einflusskraft der Kirchen auf das Verhalten der Menschen insbesondere im Bereich moralisch-politischer Grenzbezirke – diese Entwicklung geht wohl bis in die Zeit Josephs II. zurück – hat gleichzeitig die Einflussnahme vorerst des Staates und seit der Ersten Republik die Einflusskraft der politischen Parteien zugenommen. Zugenommen hat aber im besonderen Maße auch der Einfluss der Printmedien, des Rundfunks und des Fernsehens. Aber auch diese Zunahme der Einflusskraft von Staat, Parteien und Massenmedien hat ihre Grenzen."

*Vortrag: „Was hat unsere Gesellschaft noch mit Religion zu tun?",*
*9. Mai 1983*

„Vielleicht – ich bitte, mir in diesem Zusammenhang noch einmal diese Mahnung zu gestatten – sollen wir nicht nur im Recht auf Kritik, sondern in allen Bereichen unseres Lebens nicht jede Freiheit und nicht jedes Recht, das wir besitzen, bis zur tiefen Neige, ja bis zum Exzess ausnützen. Uns scheint in vielen Dingen das Maß verloren gegangen zu sein, in der Freude am Genießen ebenso wie in der Ausübung der Rechte, die uns die Demokratie gewährt."

*Gemeinsame Festsitzung des National- und des Bundesrates*
*anlässlich der Verabschiedung des Bundespräsidenten, 8. Juli 1986*

„Ich habe, da die gesetzmäßigen Voraussetzungen erfüllt waren, Ihnen diesen Ehrenring verliehen. Ein Ring – ich wiederhole es immer wieder – ist ein Schmuckstück. Er kann aber mehr sein. Ein Ring kann auch ein äußeres Zeichen einer inneren Bindung sein. Dieser Ring, den ich Ihnen verliehen habe und den ich Ihnen nunmehr überreichen werde, trägt als Schildplatte das Wappen unserer Republik. Ich bitte, ihn daher anzunehmen als ein Zeichen einer inneren Bindung, die Sie sich behalten wollen zu ihrer Heimat, der Republik Österreich und zum Österreichischen Volk. Ich möchte immer auch darauf hinweisen, dass dieser Ring auch ein Zeichen einer Bindung ist, die die Republik Österreich und deren Organe Ihnen gegenüber in sich tragen soll. Und in diesem Sinne bitte ich Sie nunmehr diesen Ring in Empfang zu nehmen."

*Promotion sub auspiciis praesidentis, Montanuniversität Leoben,*
*17. Dezember 1985*

„Ungestraft lässt das Leben keinen Stillstand geschehen. Und was durch den Stillstand in einer Periode des privaten oder öffentlichen Lebens versäumt wird, muss in d[ies]er oder in den folgenden Perioden mühevoll nachgeholt werden."

*Eröffnung des Neubaus von Instituten der medizinischen Fakultät sowie der Sportanlagen und Grundsteinlegung für den Neubau der philosophischen Fakultät der Universität Innsbruck, 11. September 1975*

# Geschichte und Geschichtsbewusstsein

„Vielleicht liegt eine der Tragiken der Menschheit darin, dass sie so wenig auf der Vergangenheit aufzubauen in der Lage ist, sondern immer wieder zerstört, um dann unter Qualen und Nöten nach neuen Anfängen zu suchen."

*Ausstellung „Tut-anch-Amun", 22. April 1975*

„Die Kenntnis der Geschichte und das Bekenntnis zu ihr lässt uns manche Hintergründe auch des gegenwärtigen Lebens erkennen und auch manche Phänomene des Heute besser und richtiger deuten. Denn (auch) im Blick auf die Geschichte sehen wir doch immer auch die Gegenwart."

*Tischrede beim Abendessen, gegeben von König Juan Carlos, Madrid, 3. Oktober 1979*

„Die Geschichte (jedoch) lehrt, dass weitblickend immer der Mensch in seiner geistigen Konstitution oder, sagen wir auch, die Ideen, die den Menschen beseelen, die Geschichte der Menschheit stärker beeinflusst haben als viele machtpolitische Momente."

*Feier des 9. Weltfriedenstages, 20. Jänner 1976*

„Geschichte vermittelt Erfahrung, Geschichte vermittelt damit aber auch eine gewisse Lebensklugheit und ist Lebenshilfe zugleich. Geschichte gibt aber auch Hoffnung, und wer braucht Hoffnung nicht?
Wer braucht es nicht – dieses eigentliche Menschenrecht, mit dem auch schwere Zeiten im persönlichen Leben ebenso wie schwere Zeiten eines Gemeinwesens überwunden werden?

*500 Jahre Stadt Baden, 19. Dezember 1980*

„Es mögen manche denken, eine 500-jährige Geschichte, das ist etwas Schönes für eine Festschrift, für ein Firmenjubiläum, aber ansonst doch nur von geringer Bedeutung. Die so denken, irren. Die Geschichte eines Unternehmens ist, genauso wie die Geschichte einer Gemeinde oder eines Staates, ein prägender Teil auch für die Gegenwart. Und die Erfahrungen, die wir unbewusst aus der Geschichte mit in die Gegenwart nehmen, sind unendlich größer als wir gemeiniglich anzunehmen bereit sind."

*Eröffnung und Einweihung des Firmensitzes Gebrüder Weiss in Lauterach, 24. Juli 1985*

„Jede Geschichtsepoche weist den Menschen, die in ihr in einem bestimmten Raum leben, ihre eigenen Aufgaben zu."

*1000 Jahre Babenberger in Österreich, Stift Melk, 2. Mai 1976*

„Es scheint mir eine historische Erfahrung zu sein, dass Identität nur gewinnt, wer eine Aufgabe findet, die seine Existenz rechtfertigt und das Sein erfüllt. Sie lässt sich kaum aus einer Verleugnung der Geschichte, sondern immer nur aus ihrer Weiterführung und vielleicht manchmal auch unter Benutzung ihrer Lehren finden."

*31. Europäische Wochen, Passau, 10. Juni 1983*

„Wir kennen die Schwierigkeiten jener, die geschichtslos ihre Entscheidungen treffen müssen. Wir wissen aber auch um das Elend, das nur allzu leicht über Völker kommt, die in der Geschichtsbetrachtung das Maß verlieren und ihre Geschichte allzu sehr glorifizieren, um in allzu vielem der Vergangenheit ein Argument für eine gewünschte Gegenwart zu sehen."

*1000 Jahre Kärnten, 26. Juni 1976*

„Manchmal scheint mir, dass das Nichtwissen über die Hintergründe des Ausbruchs des Ersten Weltkrieges und noch stärker das Nichtwissen und Nichtverstehen der Schrecken und Leiden eines Krieges in unserer Jugendzeit mit ein Element dafür gewesen ist, dass es in den Dreißigerjahren möglich geworden ist, so zielgerade einem neuen, noch unendlich furchtbareren Krieg zuzusteuern. Dass das – aus der Kriegsterminologie stammende – innerösterreichische politische Lagerdenken eine zusätzliche Markierung auf diesem Weg war, wissen rückschauend viele von uns, aber leider nicht alle."

*Jahresversammlung des Dokumentationsarchivs des österreichischen Widerstandes, 12. März 1986*

„So, wie es mir ein Gebot der Fairness schien, an die Ereignisse und an die handelnden Personen der Vergangenheit nicht das Maß der Erkenntnis des Heute anzulegen, so ist es aber ein ebensolches Gebot, deutlich offenbar werdende Erfahrungen auch für das Heute zu nutzen."

*60 Jahre Republik Österreich, Festsitzung des Nationalrates und des Bundesrates, 12. November 1978*

# Begegnungskultur

„Am Anfang der Stadt war die Brücke. ... Die Brückenfunktion hat dieses Gemeinwesen, das schon in den ersten Jahrzehnten des Bestandes die Stadtrechte verliehen erhielt, bis zum heutigen Tag durch all die 800 Jahre begleitet. Die Brückenfunktion ist keine leicht zu erfüllende Aufgabe gewesen, nicht in der Vergangenheit und auch nicht heute."

*800 Jahre Stadt Innsbruck, 27. Juni 1980*

„Ein vernünftiges Maß an Vertrauen in die Ehrlichkeit des Wollens des Gesprächspartners oder des vermeintlichen Gegners ist nicht Mangel, sondern ist Voraussetzung notwendiger Zusammenarbeit."

*Fernsehansprache zum Österreichischen Nationalfeiertag, 26. Oktober 1976*

„Feste haben noch zu aller Zeit die Aufgabe gehabt, sich auf das Gemeinsame zu besinnen, sich den Mitfeiernden zu öffnen, vom Erlebnis der Gemeinschaft erfüllt zu werden."

*Fernsehansprache zum Österreichischen Nationalfeiertag, 26. Oktober 1977*

„Macht haben hat als Korrelat Verantwortung. Macht besitzen hat aber auch als Korrelat, höflich und aufgeschlossen zu allen zu sein, die der Macht unterworfen sind, und zu versuchen, den anderen in seinem Aufgeregtsein zu verstehen."

*Österreichische Richterwoche, 12. Oktober 1979*

„Wenn sich die Angehörigen ehemals feindlicher Armeen, die sich im Krieg bis zur Vernichtung bekämpft haben, heute überall in Europa begegnen und freundschaftlich und bedingungslos sich in die Augen schauen und die Hände schütteln und gemeinsam für eine Zukunft in Frieden zu arbeiten versprechen, dann können wir auch im Inneren unseres Landes weder zwischen politischen Parteien noch zwischen Volksgruppen oder Nationalitäten Feindschaften um ihrer Geschichte Willen pflegen. Der Wein aus dem Versöhnungsbecher ist der beste aller Weine, und wäre er auch auf einer wenig sonnigen Ried gewachsen!

*Landesfeier zu 60 Jahren Volksabstimmung in Kärnten, 10. Oktober 1980*

„Es ist nicht notwendig, dass wir alle bestehenden Probleme aus gleicher Sicht sehen. Notwendig aber ist, dass die Sachverhalte frei von Emotionen festgestellt werden und dass wir die Gegenwart auch in ihrem nationalen und internationalen Trendablauf aus der Vergangenheit kommend und die Zukunft mitbestimmend erkennen."

*Wiener Internationale Herbstmesse, 10. September 1977*

„Es ist arm, wer Gedanken nur den Lärm entgegenzusetzen vermag. Kein Problem auf dieser Welt kann durch Geschrei gelöst werden. Einer Lösung nähergebracht wird jedes Problem nur durch den Dialog. Und Dialog heißt: zuhören können."

*Lebensfest der Plattform „Geborene für Ungeborene", 12. Mai 1984*

„Vielleicht aber sollten wir uns doch im politischen Alltag stärker darauf besinnen, dass wer anders denkt, als Andersdenkender angenommen werden muss, nicht aber als ein böser und feindlicher Mensch betrachtet werden darf. Ich sehe einen großen Dienst an unserer Demokratie darin, dass wir alle, die wir ein politisches Mandat tragen, in dem was wir tun und reden, an einem Abbau der Feindbilder mitwirken."

*Angelobung als Bundespräsident vor der Bundesversammlung, 8. Juli 1980*

Rudolf Kirchschläger · *Ins Heute gesprochen*

„Ich halte nichts davon, dass wir – auf welcher Ebene immer – über die Verschiedenheiten hinwegplätschern. Hüten wir uns dabei auch vor absoluten Qualifikationen der anderen mit gut oder schlecht, sondern begnügen wir uns mit Feststellungen, aber der klaren Feststellung des Andersseins. Sprechen wir daher unsere verschiedenen Auffassungen offen aus, denn gute Brücken lassen sich nur von festen Ufern bauen; führen wir also die notwendigen Auseinandersetzungen – und ich sage immer wir, denn ich meine damit Sie ebenso wie jene, die Regierungs- oder Parteiverantwortung tragen – mit der notwendigen Achtung vor und dem notwendigen Einfühlungsvermögen gegenüber dem Andersdenkenden und auch Andershandelnden."

*40. PEN-Kongress, 17. November 1975*

„Eine tolerante, eine wirklich humane Gesellschaft werden wir wohl erst sein, wenn es uns nicht mehr eine kaum übersteigbare Überwindung kostet, auch den Mitmenschen zu achten, der, wohl noch im Rahmen unserer Rechts- und Sittenordnung, doch völlig andere Gedanken denkt und anders fühlt als wir, der andere kurzfristige oder auch langfristige Lebensziele hat."

*Eröffnung der Bregenzer Festspiele, 23. Juli 1985*

„Ich rede heute nicht erneut über Sümpfe und saure Wiesen, aber wir alle, die wir politische Verantwortung tragen, wir müssen uns schon dessen bewusst sein, dass es uns noch nicht gelungen ist, alle jene Maßnahmen zu setzen, die in den Mitbürgern die Überzeugung stärken, dass Ähnliches, wie es in Österreich passiert ist, in Hinkunft nicht mehr geschehen kann. Es droht uns in Österreich auch noch immer die Gefahr, dass wir in unserem politischen Reden und in unserem Tun Glaubwürdigkeit verlieren. Dies ist nicht nur ein Verlust der Glaubwürdigkeit von Personen, sondern das bedeutet die große Gefahr, dass die Demokratie an Glaubwürdigkeit verliert. Und erschreckend lebt in der politischen Auseinandersetzung, vor allem auf Bundesebene, auch der Ton der persönlichen Feindschaft, der Ton der persönlichen Ehrverletzung wieder auf."

*Eröffnung des Steirischen Herbstes, 18. Oktober 1980*

„Gemeinsames Essen an einem Tisch ist seit Jahrtausenden mehr als nur Freude am Essen und Trinken oder notwendige Nahrungsaufnahme. Es ist eine symbolhafte Geste gegenseitigen Vertrauens und gegenseitiger menschlicher Achtung."

*Abendessen zu Ehren von Bundeskanzler Dr. Bruno Kreisky zum 70. Geburtstag, 21. Jänner 1981*

„Der einzelne Mitbürger erlebt den Staat selten durch ein Mitglied der Regierung oder durch ein Mitglied des Parlaments, sondern er erlebt ihn in der Regel durch die Beamten in den Behörden, durch die Richter in den Gerichten und durch die Lehrer in den Schulen, durch öffentlich Bedienstete in den Spitälern, durch Sicherheitsorgane in den Straßen und anderswo. An Ihnen, meine sehr geschätzten Kolleginnen und Kollegen, liegt es daher, unsere Republik so zu repräsentieren, dass der einzelne Mitbürger den Staat nicht als das kälteste aller Ungeheuer erlebt – wie ihn Nietzsche einmal nannte –, sondern als eine auf den Menschen hin ausgerichtete Gemeinschaft. Dieses Ausgerichtetsein auf den Menschen scheint mir der Schlüssel und das Um und Auf unser aller Tätigkeit zu sein. In diesem Ausgerichtetsein auf den Mitmenschen überschneiden sich auch, trotz aller formalen Trennung, die Gesetzgebung, die Gerichtsbarkeit und die Verwaltung, überschneidet sich die Tätigkeit des Politikers und des Beamten."

*8. Gewerkschaftstag der Gewerkschaft der öffentlich Bediensteten, 15. November 1977*

„In einer Ehe entsteht zwischen den Ehepartnern ein Konflikt. Die erste und schnellste Reaktion ist: Die Ehepartner sind gekränkt und reden nicht mehr miteinander. Oder: Zwischen den Nachbarn entsteht ein Streit. Die Nachbarn weichen einander aus und grüßen einander nicht mehr. Die Grenzen zum Nachbarn werden dichtgemacht und es wird versucht, das tatsächliche oder vermeintliche Recht durch selbstständige Handlungen durchzusetzen. Die Beispiele sind beliebig vermehrbar. ... Im internationalen Bereich folgen wir den gleichen Verhaltensmustern. Wir zögern dort, wo Konfliktsituationen, ja oft nur offene Fragen oder Probleme bestehen, Staatsbesuche zu machen oder zu empfangen, sagen diese demonstrativ ab oder laden aus. Anstelle über die offenen Probleme und Streitfragen zu reden, zeigen wir uns gegenseitig den Rücken."

*Feier des Weltfriedenstages, 25. Mai 1983*

# Bildung und Erziehung

„Die Erwachsenenbildung hat einen großen Anteil daran, dass wir Österreicher in der Lage sind, auch als kleines Volk mitzuhalten mit den großen Entwicklungen in der Welt im technischen und im wissenschaftlichen Bereich, aber auch auf dem Gebiet des sozialen, also gesellschaftlichen Lebens und damit in der Verwirklichung der Demokratie in einer Gestalt, wie sie nie von einem stumpfen oder interessenlosen Volk verwirklicht werden könnte."

*Eröffnung des neuen Heimes der Salzburger Volkshochschule, 27. Juli 1980*

„Die Qualität dieser Republik und damit die Qualität des Lebens in Österreich bestimmt sich auch nach dem Umfang des Wissens und Könnens, das Sie sich und dass sich alle anderen jungen Menschen in unserem Land erwerben."

*Eröffnung des Bundesschulzentrums Feldbach, 27. März 1981*

„Wir brauchen eine Erziehung, die auch wertorientiert ist. Denn in kritischen Zeiten ... braucht man, um zu bestehen, eine innere Wertordnung."

*30 Jahre Werkschulheim Felbertal, 23. Oktober 1981*

„Der Jugend an der Musik Freude zu schenken und sie zum Mittun und Mitmusizieren zu bringen, heißt nicht nur ein Publikum für das nächste oder die nächsten Jahrzehnte [zu] suchen, es heißt, eine große und die Tiefe [durch]dringende Erziehungsarbeit zu leisten, eine echte Charakterbildung anzubieten."

*Carinthischer Sommer, 30. Juni 1985*

„Die Schule ist von überragender Bedeutung, und ich füge bei, die Jugendorganisationen sind von einer sehr großen Bedeutung, aber die letzte Verantwortung für das Kind tragen die Eltern. Und die Eltern sind es daher auch, die sich manchmal zu einem ‚Nein' entschließen müssen, auch dann, wenn die Eltern des Freundes des Kindes bereits ‚Ja' zu etwas gesagt haben."

*Eröffnung der Hauptschule Leobersdorf, 30. September 1978*

„Der Unterricht der Menschenrechte und die Vermittlung des genauen Wissens um sie ist vor allem für die Zukunft von einer ganz großen Bedeutung. Von Jugend an, ja selbst in der Kindheit und bis zum Alter, soll und muss das Wissen und das Gewissen für die Menschenrechte gestärkt und vertieft werden. Auch auf dem Gebiete der Menschenrechte ist der Ruf nach einer education permanente gerechtfertigt. Das Ziel des Lehrens und des Unterrichts der Menschenrechte darf sich aber nicht in einem innerlich teilnahmslosen, objektiven juristischen Wissen erschöpfen, sondern muss auf der Grundlage des Wissens und aus der Einsicht der Bedeutung der Menschenrechte zu einer Charakterbildung führen. Diese setzt ein persönliches Engagement ebenso wie ein gegebenes Beispiel des Lehrenden voraus."

*UNESCO-Kongress über das Lehren der Menschenrechte,*
*12. September 1978*

# Mitmensch

„[Wir] wollen ... (auch) versuchen, gelegentlich etwas weniger
Ich und etwas mehr Österreicher zu sein."

*Fernsehansprache zum Österreichischen Nationalfeiertag,*
*26. Oktober 1979*

„Jeder von uns, welche Aufgabe ihm im Leben auch übertragen sei, hat der Wahrheit zu dienen und dem Mitmenschen.
Sollen wir an eine höhere Ordnung im Universum glauben
können, dann müssten diese beiden Postulate vereinbar sein.
Ich bin auch überzeugt, dass sie vereinbar sind; ebenso wie
mir aber auch bewusst ist, dass es dem Menschen in seiner
Willensfreiheit in seine Entscheidung gegeben ist, diese große Ordnung auch zu stören."

*7. Internationaler Vakuumkongress und 3. Internationale Konferenz*
*über Festkörperoberflächen, 12. September 1977*

„Dass bei all diesen Überlegungen aber nicht nur an wirtschaftliche oder politische Systeme und Ideologien gedacht
werden darf, sondern auch der einzelne Mensch und sein
Schicksal und seine Individualität zur Geltung kommen
muss, das zu unterstreichen scheint mir hier gerade vor Ihnen, meine verehrten Teilnehmer an dieser Konferenz, nicht
notwendig zu sein. Denn für Sie alle ist ja Politik nicht nur ein
auf die ordnende Gestaltung von Gemeinwesen bezogenes
Handeln, sondern auch ein Handeln, das auf den einzelnen
Menschen ausgerichtet bleibt."

*Neue Initiativen Ost-West, 12. November 1974*

„Mir ist schon als junger Mensch aufgefallen, dass der Nie-
dergang der Olympischen Spiele im Altertum mit jener Zeit
begann, da die damaligen kultischen Elemente vernachläs-
sigt wurden und schließlich völlig in den Hintergrund tra-

ten. Wenn wir anstelle des Begriffes der kultischen Elemente für die Zeit von heute das Geistige setzen, dann scheint sich ein klarer Blick aufzutun auf jene Gefahren und auf jene Ursachen der Gefahren, mit denen wir konfrontiert sind. Vielleicht verlangen die Olympischen Spiele auch heute nicht nur Bestzeiten und Weltrekorde, sondern auch die Überzeugung, dass sie ihren Sinn nur dann erfüllen können, wenn das geistige und zwischenmenschliche Element wieder mit in den Vordergrund tritt."

*75. Session des IOC, 21. Oktober 1974*

„Gerade in einer Gesellschaft, die nach mehr Rationalität strebt und mehr auch von der Technik beherrscht ist, können die Nachteile, die damit gelegentlich verbunden sind, dann überwunden werden, wenn zusammengeholfen wird, dass dem einzelnen Menschen das Gefühl des Verlassenseins genommen wird."

*Eröffnung der Ärztefunkzentrale Villach, 17. September 1976*

„Wenn wir jetzt all die(se) Jahre ein wenig an uns vorbeiziehen lassen, ein jeder für sich, dann zählt jetzt rückschauend gar nicht mehr, ob wir einen großen Christbaum gehabt haben, oder einen kleinen, ob viele Geschenke darunter waren, oder ob es wenige gewesen sind, es zählt heute rückschauend doch im Wesentlichen nur mehr, ob da zu Weihnachten jemand bei uns war und wenn wir das Gefühl gehabt haben, dass er uns gern hat, dass er es ehrlich mit uns meint, dass er aufgeschlossen, dass er offen uns gegenüber ist."

*Weihnachtsfeier Pensionistenheim Wien-Mariahilf,*
*20. Dezember 1985*

„Wir brauchen die Widerlager für die Brücken, die die Menschen zusammenführen. Aber wir brauchen dann auch Menschen, die verstehen, auf diesen Brücken aufeinander zuzugehen."

*Kongress der Katholischen Schulen, Salzburg, 6. April 1986*

*Gesellschaftliches Leben*

„Und so werde ich denn nun diesen Grundstein für das Wohnheim legen mit dem Wunsch, dass es ein gutes Heim werde, dass hier ein Heim im Sinne eines Daheim entstehe, eines Daheim, in dem sich Menschen wie wir wohlfühlen, in dem sie Freude an ihrem Leben haben werden."

*Grundsteinlegung für ein Wohnheim für verwaiste Behinderte, Ternitz, 19. April 1986*

„So scheint mir denn, dass das Internationale Brucknerfest zu jenen glücklichen Festen gehört, die nicht entzweien, sondern das Gemeinsame zum Bewusstsein bringen und gleichzeitig dazu auch die Freiheit ins Bewusstsein rufen, die uns gegeben ist, zu wählen und Ja und Nein zu sagen, eine Freiheit, die wir sorgsam hüten, aber von der wir auch ebenso sorgsam Gebrauch machen wollen."

*Internationales Brucknerfest Linz, 4. September 1983*

„All das, was an Sumpf und an mangelnder Rechtschaffenheit da und dort an den Tag gekommen ist, konnte und durfte nicht spurlos an uns vorübergehen, und wir dürfen auch die Augen nicht vor den Schatten verschließen, die in der Welt auf uns gefallen sind. Das Wort haben jetzt die Gerichte, hat der parlamentarische Untersuchungsausschuss, aber das Wort haben auch wir alle, denn wir müssen durch unser Tun, durch unsere Haltung ähnliche Praktiken, wie sie sich in der Vergangenheit eingelebt haben, für die Zukunft vermeiden. Dann können, mehr noch, dann müssen wir uns wieder dem großen Ziele einer humaneren, einer menschlicheren Gesellschaft unserer Republik zuwenden. Denn ohne humane Menschen gibt es auch keinen humanen Staat!"

*Neujahrsansprache, 1. Jänner 1981*

„Die Hilfe an in Not geratene Menschen im Ausland schließt die Hilfe an in Not geratene Menschen im Inland nicht aus. Wir dürfen in unserer Mitmenschlichkeit nicht die staatlichen Grenzen auch zu Grenzen unserer Mitmenschlichkeit machen."

*Überreichung von Ehrenzeichen für Verdienste um die Republik Österreich an die Betreuer von Indochinaflüchtlingen, 30. März 1981*

„Ich glaube, wir müssen – und nicht nur die Weinhauer und nicht nur die Weinhändler allein – wir müssen überall in Österreich uns doch wieder etwas stärker auf die Werte besinnen, auf jene Werte, von denen wir ja auch immer geredet haben, auch hier. Auf die Qualität nicht nur des Weines, vielleicht auch auf die Qualität der Menschen. Die brauchen wir ebenso notwendig. Wir müssen uns – so glaube ich – wieder etwas stärker darauf besinnen, dass der Eigennutz allein noch nicht alles andere überschatten darf."

*Österreichische Weinmesse Krems, 23. Mai 1986*

„Leiden nicht auch wir daran, dass wir für uns zu viele Freiheiten als garantiert ansehen und in Ausübung dieser unserer Freiheiten bedenkenlos auf den Freiheiten der Mitmenschen, auf deren Rechten und auch auf deren Ehre herumtrampeln? Kaufen wir noch schnell vor dem Heimgehen am liebsten dann eine Zeitung, wenn wir aus der Überschrift sehen, dass ein anderer darin bloßgestellt oder vorweg verurteilt wird? Und verwechseln nicht auch wir das Recht auf Eigenpersönlichkeit mit praktiziertem, nacktem Egoismus?"

*Feier des Weltfriedenstages, 6. März 1986*

„Wir wollen uns davor hüten, das, was jeweils ein anderer tut und nicht unserer Überzeugung entspricht, deswegen schon als schlecht zu bezeichnen und zu verdammen."

*Besuch im Niederösterreichischen Landesjugendheim Hinterbrühl, 19. April 1983*

„Ich vermeide es bewusst, Namen zu nennen, weil der no-
minelle Wert einer Spende zwar in Schillingen ziffernmäßig
ausdrückbar ist, der ideelle Wert der Opferbereitschaft, die
in Geld, Arbeit, Organisation liegen kann, einer Messbarkeit
mangelt."

*Schlussakt „Kampf dem Krebs", 8. Juni 1977*

„Sehen Sie im Mitmenschen, auch wenn der Nachweis oder
der Verdacht einer Gesetzesübertretung vorliegt, noch immer
den Mitmenschen mit nicht nur vom Gesetz, sondern auch
von der Natur ausgestatteten Rechten und mit einer Menschenwürde, die er für sich zwar verletzen kann, die zu verletzen uns aber nie gestattet ist."

*50 Jahre Gendarmeriezentralschule Mödling, 25. Oktober 1979*

„Während bei einem Staate (aber) immer das Eigeninteresse
überwiegt und auch überwiegen muss, ist das Rote Kreuz in
der wohl fast einmaligen Lage, nicht für sich selbst, sondern
nur für die anderen, für die Mitmenschen da zu sein. Diese
unmittelbare Menschbezogenheit des Roten Kreuzes ist es
auch, die ihm eine Kontinuität über ein Jahrhundert hinweg,
unabhängig von Staats- und Regierungsformen, gewährt. ...
Die Menschlichkeit des Roten Kreuzes ist unteilbar. Sie ist
ausschließlich geleitet von der Achtung vor der menschlichen
Person und hat nur ein ganz großes Ziel, nämlich menschli-
ches Leid überall und zu jeder Zeit zu verhüten oder zu lin-
dern."

*100 Jahre Österreichisches Rotes Kreuz – Übernahme der Patronanz
durch den Bundespräsidenten, 20. September 1980*

Rudolf Kirchschläger · *Ins Heute gesprochen*

# Soziale Verantwortung

„Die Grundsteinlegung zu diesem Festspiel- und Kongresshaus hat nur dadurch ihre volle gesellschaftliche Berechti-
gung, dass z. B. in diesem Jahr auch die Altbauten des Kran-
kenhauses saniert wurden, ein modernes Wasserwerk seiner
Bestimmung übergeben wurde und wir im Herbst der Eröffnung eines Schulbaues in der Landeshauptstadt von Vorarlberg entgegensehen. Wir wollen diesen großen durch fast
drei Jahrzehnte ersehnten Neubau auch eingebettet sehen in
den Rahmen der Lösung des großen Problems des Durchzug-
verkehrs durch Bregenz, das mit dem Bau des Pfändertunnels
zu einem guten Ende gebracht werden soll."

*Grundsteinlegung für das Festspiel- und Kongresshaus Bregenz,*
*22. Juli 1976*

„Die Anwendung des Allgemeinen Sozialversicherungsgeset-
zes verlangt daher nach sehr viel Menschlichkeit vonseiten
der Versicherungsträger und nach eben soviel Menschlichkeit
vonseiten der Schiedsgerichte der Sozialversicherung. Eine
sehr sparsame Verwendung von Fachausdrücken und bloßen
Gesetzeszitaten in den Entscheidungen und ein Überdenken
einzelner in der Spruchpraxis herausgebildeter Interpretati-
onen könnte für die Betroffenen die Überzeugungskraft der
Entscheidungen stärken und auch mehr das Gefühl vermitteln, dass dem Einzelnen Recht widerfahren sei."

*Festakt 25 Jahre Allgemeines Sozialversicherungsgesetz,*
*8. September 1980*

„Nehmen Sie teil am öffentlichen Leben und verlangen Sie
nie mehr von anderen, als Sie selbst zu geben bereit sind."

*Jungbürgerfeier in Schwanenstadt, 24. Oktober 1980*

# Behinderungen

„Die Qualität einer Kette bestimmt sich nach ihrem schwächsten Glied. Die Qualität einer Gesellschaft bestimmt sich danach, ob und wieweit es gelingt, die sozial und wirtschaftlich schwächsten Glieder und die kranken Mitmenschen in die Gesellschaft zu integrieren und auch für sie das Leben lebenswert und schön zu machen."

*Festakt der Bundesregierung zum Internationalen Jahr der Behinderten, 15. Jänner 1981*

„Denken wir auch an die Behinderten aller Art. Schließen wir sie nicht aus der Gemeinschaft aus, sondern betrachten und behandeln wir sie als Mitbürger und arbeiten wir dafür, dass sie ihr Lebensrecht – ich sage bewusst: Recht – gesichert wissen."

*Neujahrsansprache, 1. Jänner 1976*

„Wir haben gerade vielleicht in diesem Jahrzehnt mehr noch Achtung vor dem Geheimnis des Lebens bekommen, wenn wir uns dem Leben der behinderten Menschen stärker zugewandt haben. Aber ich glaube gerade dadurch müssen wir [auch] stärker als wir es vielleicht in der Vergangenheit getan haben, auch Ja zu diesem Geheimnis des Behindertenlebens sagen und wir dürfen uns nicht zufriedengeben, sondern wir müssen uns dessen bewusst sein, dass wir am Weg sind, dass wir Schrittmacher sind. Und es ist ganz natürlich, im gewöhnlichen Leben sagen wir: „Kleine Kinder, kleine Sorgen, große Kinder, große Sorgen." Dieses Sprichwort gilt in einem noch vergrößerten Maß bei behinderten Kindern. Auch dort werden die Sorgen, wenn die behinderten Kinder älter werden, noch größer. ..."

*Eröffnung des Zubaus in der Tagesheimstätte Wels der Lebenshilfe, 10. Juni 1983*

„Die ständige Arbeit daran, dass sich niemand in unserem Volk von der Gesellschaft vergessen, von ihr abgestoßen oder sich aus ihr ausgeschlossen fühlt, sehe ich neben dem Bemühen um die stete Vervollkommnung der sozialen Gerechtigkeit als die besondere soziale Aufgabe unserer Republik an."

*Besuch bei der Lebenshilfe Wien, 14. Juni 1986*

„Es ist in den letzten Jahrzehnten weltweit gelungen, jahrhundertealte Vorurteile gegenüber den behinderten Mitmenschen teils wankend zu machen, teils zu brechen. Aus der Absonderung vergangener Zeiten versuchen wir einen Einschluss in die Gesellschaft zu erringen. Vieles ist hier Fluss, und mir scheint, wir kennen heute noch nicht die endgültige Grenze, bis zu welcher die von uns angestrebte gesellschaftliche Integration möglich ist. Je mehr es Ihnen gerade durch das interdisziplinäre Zusammenwirken gelingt, den *ganzen* Menschen zu erfassen, umso höher werden auch die Grenzen dieser Eingliederungsfähigkeit liegen."

*3. Österreichischer Kongress für Heilpädagogik, Klagenfurt, 24. Mai 1979*

„Gar manche von uns sind heute schon in der Lage, komplexfrei mit einem behinderten Kind zu spielen, mit ihm zu üben, ihm in die Augen zu schauen. Gar manche von uns schauen nicht mehr weg, wenn sie ein behindertes Kind, einen erwachsenen behinderten Menschen sehen. Eltern haben zu ihren behinderten Kindern ein echtes Eltern-Kind-Verhältnis gefunden, das früher oft fehlte, Brüder und Schwestern schämen sich nicht mehr ihrer behinderten Geschwister ... Eine Wandlung, sicher eine langsame, aber eine Wandlung vollzieht sich in unserem Volke. Es ist eine Wandlung zum Menschlich-Werden, gerade gegenüber den Schwachen, gegenüber den Kranken."

*20 Jahre Klinik für entwicklungsgeschädigte Kinder und 10 Jahre Ludwig-Boltzmann-Institut zur Erforschung kindlicher Hirnschäden, 9. März 1976*

„Wir alle wissen, dass es verhältnismäßig leicht ist, aus einer Stunde der Begeisterung heraus eine soziale Tat zu tun. Aber durch ein Jahrzehnt hindurch, und dann durch ein zweites Jahrzehnt immer wieder da zu sein für den behinderten Mitmenschen, einen ganzen Tag lang, das verlangt sehr viel Liebe zum Mitmenschen, sehr viel soziales Empfinden und das verlangt auch eine Ausdauer in einem Maße, die wir uns, die wir diese Arbeit nicht tun, wohl alle nicht vorstellen können. Und ich möchte gerade heute bei diesem Anlass auch den Eltern sagen, dass wir uns dessen bewusst sind, dass jeder von uns, der kein behindertes Kind hat, die Sorgen und die Anliegen der Eltern behinderter Kinder erahnen, aber nie ganz verstehen kann, aber dass wir sie alle aufrichtig bewundern, die sie die Kraft gehabt haben, jene Herausforderung, die an sie herangetreten ist, zu ertragen. Ich weiß, welch starke Belastung dies für die Ehen der Eltern ist, welch starke Belastung dies für den ganzen Lebensablauf ist."

*Eröffnung des Zubaus in der Tagesheimstätte Wels der Lebenshilfe, 10. Juni 1983*

„Und wer diese Aufgabe über Jahre, ja Jahrzehnte hindurch durchführt, der bedarf wahrhaft nicht nur unseres Zuspruches, sondern er hat auch Recht auf unsere Bewunderung. Und dafür Ihnen allen, die Sie hier die Behinderten betreuen und anderswo, meinen Dank und meine Anerkennung. Sie leisten eine Arbeit, die eine echt politische Arbeit ist, weil sie das politische Leben im Staate beeinflusst, beeinflusst deswegen, weil die Qualität des Lebens wohl davon abhängt, wie wir es fertigbringen, mit den Schwächsten unter uns umzugehen, wie wir es fertigbringen, den Schwächsten unter uns ein menschenwürdiges Leben zu gestalten."

*Eröffnung der Behindertenwerkstätte Ternitz, 20. Mai 1983*

Rudolf Kirchschläger · *Ins Heute gesprochen*

„Wenn einmal die Geschichte dieses Jahrhunderts geschrieben werden wird, wird darin manches Negative verzeichnet sein ... Aber auf der Haben-Seite dieser drei [letzten] Jahrzehnte dieses Jahrhunderts wird zweifellos stehen das Wachsen des Verständnisses für behinderte Mitbürger in einem Ausmaß, wie es, abgesehen von einer kurzen Zeitspanne in der Zeit Kaiser Franz Josephs, Kaiser Josephs II. und Maria Theresias, nie in unserer Geschichte vorhanden gewesen ist."

*Eröffnung des Zubaus in der Tagesheimstätte Wels der Lebenshilfe, 10. Juni 1983*

„Ich halte es für einen großartigen Gedanken, dass in demselben Zentrum, in welchem gesellschaftliche Behinderungen beseitigt werden sollen, auch ein froher Kindergarten seinen Platz findet. Vielleicht hat die Tatsache der Existenz des Kindergartens hier in diesem Rahmen schon durch sich selbst einen zumindest teilweise heilenden Nebeneffekt."

*Eröffnung des Kindergartens und der Sozialpädagogischen Station „Zentrum Spattstraße" in Linz, 10. Juni 1976*

„Es wäre wohl aber ein Irrtum zu meinen, dass nur wir, die sogenannten Gesunden, unseren behinderten Mitbürgern etwas zu geben in der Lage wären. Es hat noch kaum eine Begegnung mit behinderten Mitmenschen gegeben – und ich komme oft zu ihnen –, von der ich nicht innerlich bereichert weggegangen wäre. Und ich will gerne beifügen: Es gab Begegnungen, bei denen ich mir die Frage stellte, wer nun von uns wirklich die behinderten Menschen sind – jene, denen wir unter diesem Sammelbegriff begegnet sind, oder wir selbst, die wir durch alle möglichen Konsumzwänge, Oberflächlichkeiten und angebliche Zeitnöte in unserem Menschsein eine Behinderung erfahren."

*Festakt der Bundesregierung zum Internationalen Jahr der Behinderten, 15. Jänner 1981*

# Ehe und Familie

„Wenn jemand bereit ist, eine Familie zu gründen, dann kann er nach meiner Überzeugung die(se) Reihung der Werte jeweils nur im Einvernehmen, im Gespräch mit seinem Ehepartner und im späteren Stadium auch mit seinen Kindern vornehmen. Es wird bei dieser Standortbestimmung vor allem darum gehen, welchen Stellenwert im persönlichen Leben und damit im Familienleben der Arbeit eingeräumt wird und zwar mit allen ihren Konsequenzen, auch mit der Konsequenz des Einkommens, und welcher Stellenwert der Freizeit zukommt, auch wieder mit allen Konsequenzen, also nicht nur der Freizeit als ein Faulsein oder einer Rekreation im Nichtstun, sondern auch der Freizeit als einer sinnvoll genutzten Zeit für die Familie und auch für persönliche Interessen."

*Badener Symposium des Katholischen Familienverbandes,*
*15. Oktober 1981*

„Es gibt verschiedene Gradmesser für das Ausmaß der Freiheit, die den Menschen in einem Staate zur Verfügung steht. Die Gesamtsituation der Familie in einem Staat scheint mir einen starken Aussagewert für dieses Ausmaß der Freiheit des Einzelnen zu besitzen. Sie ist ein solcher Gradmesser und keineswegs ein unbedeutender. Die geschichtliche Erfahrung zeigt: Noch kein totalitärer Staat hat vor den Rechten der Familie und vor allem auch vor der Freiheit der Eltern zur Erziehung ihrer Kinder haltgemacht!"

*3. Symposion des Katholischen Familienverbandes Österreich,*
*8. November 1976*

„Wir müssen in die Familie mehr hineinlegen als unsere soziale oder politische Sicherheit. Wir müssen es der Familie möglich machen, eine Stätte der Geborgenheit zu sein, eine Einheit, innerhalb der sich Spannungen ausgleichen, eine für sich sehr kleine Gemeinschaft, wo der einzelne Mensch anstelle des ‚Ich' das ‚Wir' als eines der ersten Worte erlernt. Dies kann nicht mit freundlichen und guten Worten geschehen, sondern dazu sind materielle Voraussetzungen notwendig, aber auch der Versuch des Umdenkens bezüglich der Werte menschlichen Zusammenlebens."

*25 Jahre Österreichischer Familienbund, 10. Dezember 1976*

„Die Familie ist das grundlegende Bauglied des politischen Lebens und stellt als solches eine vorstaatliche Ordnung für und in sich selbst dar. Sie übt einen starken Einfluss auf Staat und Gesellschaft aus, diese aber wieder beeinflussen ihrerseits die Familie."

*25 Jahre Österreichischer Familienbund, 10. Dezember 1976*

„Es gibt (vor allem auch) nicht immer nur ein einziges, gültiges Rezept für den Schutz der Familie. Eingebettet in den staatlichen, wirtschaftlichen und gesellschaftlichen Aufbau wird sie oft weniger unmittelbar, als vor allem mittelbar, von allen, aber auch wirklich allen Erscheinungen der jeweiligen Zeit beeinflusst. Und manchmal bringen Maßnahmen, die mit völlig anderer Zielsetzung gesetzt wurden, sehr beachtliche Konsequenzen im Familienbereich mit sich."

*3. Symposion des Katholischen Familienverbandes Österreich,*
*8. November 1976*

„Ich gratuliere auch sehr herzlich Ihrer Ehefrau. Sie haben, verehrte Frau (...), gezeigt, dass eine Partnerschaft ein gemeinsamer Lebensweg, eine Bedacht- und Rücksichtnahme auf die Interessen und die Anliegen des Partners ist. Und Sie waren offenbar bereit zu jenem Verstehen und Beistand, der einer menschlichen Gemeinschaft erst wirklichen Bestand auf Dauer gibt."

*Promotion sub auspiciis praesidentis, Montanuniversität Leoben,*
*17. Dezember 1985*

„Wer die Anforderungen des Lebens kennt, die an jene gestellt wurden, die aus der Armut der Arbeiterklasse, des kleinen Gewerbes oder des Kleinbauerntums der Jahrhundertwende zu den politisch führenden Männern unserer Republik aufstiegen, der ahnt wohl auch die Unzahl der persönlichen Opfer, die gerade die Ehegattin einer solchen Persönlichkeit auf sich zu nehmen hatte. Noch markanter waren die Opfer dort, wo politische Verfolgung täglich um Freiheit und Leben des geliebten Menschen bangen ließ."

*Trauerfeier für Margarete Jonas, 17. August 1976*

„Es scheint mir dies aber auch ein guter Anlass zu sein, diesen Dank auf alle Ehepartner von Mitbürgern oder Mitbürgerinnen im öffentlichen Amt auszudehnen, welche die Erfolge ihres Ehemannes oder ihrer Ehefrau im politischen Amt nur eingeschränkt miterleben können, das Alleinsein, die Kritik und die gar nicht so seltene Verächtlichmachung des Ehepartners aber in voller Härte spüren."

*Gemeinsame Festsitzung des Nationalrates und des Bundesrates anlässlich der Verabschiedung des Bundespräsidenten, 8. Juli 1986*

Rudolf Kirchschläger · *Ins Heute gesprochen*

# Medien

„Große Wirkungen können durch das Wort erzielt werden: sowohl durch jenes, welches auf Zeitungspapier gedruckt wird, als auch durch das Wort, welches vor dem Mikrofon mit oder ohne Fernsehkamera sich an ein unsichtbares Publikum richtet. Gleichgültig, ob dieses gesprochene Wort aufgezeichnet wird oder nicht, auch es kann, so wie das gedruckte, nicht leer zurückgerufen, nicht ungeschehen gemacht werden. Es übt seine Wirkung aus. Darin liegt die hohe Verantwortung des Berufes, den Sie alle erwählt haben."

*XIII. Weltkongress der Internationalen Journalistenföderation,*
*10. Mai 1976*

„‚Gott liebt die Welt' hat keinen Neuigkeitswert. ‚Gott hasst die Welt' gäbe zumindest eine gute Headline."

*11. Katholischer Weltkongress der Presse, 11. Oktober 1977*

„Täglich werden uns diese tatsächlichen oder vermeintlichen Fehlleistungen in unserer Republik in Zeitung und Rundfunk vor Augen geführt und auch diskutiert. Vielleicht sollten wir uns gelegentlich auch auf die Leistungen besinnen und auch diese angemessen dokumentieren."

*Fernsehansprache zum Nationalfeiertag, 26. Oktober 1984*

„Wir stehen in einem in seiner Intensität wechselnden, aber in der Regel doch sehr ernsten Spannungsverhältnis zueinander. Wir, das sind Sie, die Verantwortung in den Medien tragen, und das sind wir, die in einer politischen Verantwortung stehen. Wir alle haben eine gemeinsame Basis, auf die wir stolz sind: Es ist das Wissen um die absolute Notwendigkeit der Freiheit der Meinungsäußerung als Wesensmerkmal unserer Staaten. Die Gemeinsamkeit dieser Basis unterscheidet uns von anderen gesellschaftlichen Systemen. Den hohen Wert dieser gemeinsamen Basis glaube ich aufgrund eigener Lebenserfahrung in den Jahren 1934 bis 1938 in Österreich, 1938 bis 1945 im nationalsozialistischen sogenannten Dritten Reich und 1967 bis 1970 in einem Staat des kommunistischen Gesellschaftssystems zu kennen. Der Spannungszustand, den wir trotz dieser beglückenden Gemeinsamkeit oft sehr fühlen, scheint somit entweder in einer verschiedenen Deutung des Begriffes der Freiheit oder im Gebrauch dieser Freiheit zu liegen. Es ist dabei für uns wohl nur ein geringer Trost, dass diese Erkenntnis nicht neu ist. Schon Goethe schrieb in seinen Reflexionen, dass ‚die Deutschen der neueren Zeit' – er meinte damit natürlich seine Generation – ‚nichts anderes für Denk- und Redefreiheit halten, als dass sie sich einander öffentlich missachten dürfen'."

*35. Generalversammlung des International Press Institute, 12. Mai 1986*

„Wir betonen so oft die Freiheit der Meinungsäußerung, die Freiheit zur Auseinandersetzung, die uns die Demokratie gibt. Mögen wir nie vergessen, dass die gleiche Demokratie uns auch die Freiheit zur Einigung und zum Miteinander gewährt ..."

*25. Internationaler Fortbildungskongress der Deutschen Bundesärztekammer und der Österreichischen Ärztekammer, Bad Gastein, 9. März 1980*

„Fehlt es an der Freiheit des Wortes, kann die Demokratie nicht überleben, fehlt es an der Demokratie, wird die Freiheit des Wortes keinen Bestand haben."

*Alpbacher Buchgespräch – 15 Jahre Verlag Fritz Molden, 6. Juni 1980*

„Das Thema ‚Politik und Macht' kann heute hier nicht behandelt werden. Ihnen aber, den Vertretern der Massenmedien, will ich gerne gleichsam vom gegenüberliegenden Ufer her bezeugen: Man macht es Ihnen schwer, ein natürliches, nicht überdimensioniertes Gefühl zur Macht zu bewahren. Dies vor allem aus zwei Gründen: Politiker, ebenso wie Persönlichkeiten des Wirtschafts- und Kulturmanagements, buhlen wohl fast täglich um Ihr Wohlwollen in einem Maß, dass es Ihnen nicht ganz leicht werden mag, persönlich nicht zu einem Zyniker, Spötter oder Menschenverächter zu werden. Das aber hieße, Ihre Macht voll zu genießen. Die zweite ständige Versuchung, der manche von Ihnen ausgesetzt sind, ist die Reaktion Ihrer Leser. Die Sensation und die Anprangerung von Menschen, die man zumindest dem Namen nach kennt, ist ein Nervenkitzel, den der kontaktärmer gewordene Mitmensch nicht gerne missen möchte. Und so kommt eine Spirale der Manipulation in Gang, bei der erst die Zeitung für den Leser und dann der Leser für die Zeitung inhalt- und niveaubestimmend wird."

*35. Generalversammlung des International Press Institute, 12. Mai 1986*

„So wie das Leben in einer Gemeinde besonders starken Einfluss darauf nimmt, ob sich ein Staatsbürger im Gesamtstaat wohlfühlt oder nicht, so sind es die regionalen Zeitungen, die wegen ihrer Bedachtnahme auf Einzelereignisse die unmittelbare Demokratie fördern, die die Bedeutung des Einzelmenschen und seines Schicksals gebührend darstellen und uns damit immer wieder vor Augen führen, dass die Politik nicht nur das sogenannte große staatliche Ganze im Auge haben darf, sondern für den Einzelmenschen gemacht sein muss."

*Eröffnung des Druck- und Verlagshauses Faber, 11. Juni 1976*

„Ich glaube, dass die Republik Österreich zu jener glücklichen Gruppe der Staaten gezählt werden darf, die mit einer minimalen gesetzlichen Beschränkung das Auslangen findet. Dass hiefür den Massenmedien ebenso wie auch den Verlagen, aber auch den politischen Parteien, Verdienst und gleichzeitig Verantwortung zukommt, darf außer Streit gestellt sein.

Ich glaube, dass für die Fortdauer dieses Zustandes alle eine große Verantwortung tragen, die aufgrund ihrer künstlerischen, wirtschaftlichen, politischen Berufung in der Lage sind, das Wort zu benutzen und Gedanken den Mitmenschen zu vermitteln.

*Alpbacher Buchgespräch – 15 Jahre Verlag Fritz Molden,*
*6. Juni 1980*

Rudolf Kirchschläger · *Ins Heute gesprochen*

# Umwelt

„Das sinnvolle Zusammenwirken von Mensch und Natur, das gerade hier in Kaprun so stark seinen Ausdruck findet, ist es, das Österreich in der Welt zu einem großen Fremdenverkehrsland gemacht hat."

*Eröffnung der Gletscherbahn Kaprun II, 20. November 1974*

„Möge es eine Art Ausgleich für die nicht vermeidbaren Änderungen der Landschaft sein, dass durch diese Kraftwerksgruppe Höhenregionen erschlossen werden, die wegen ihrer Schönheit und gleichzeitig auch wegen der hochqualifizierten technischen Anlagen viele Menschen anziehen und sie an tiefen und bleibenden Eindrücken bereichern."

*Fertigstellung der Kraftwerksgruppe Malta, 7. Juli 1978*

„Die Schmückung unserer Lebensbereiche, der Wohn- und Arbeitsräume, der Häuser und Straßen mit Pflanzen gehört zu den schönsten Tätigkeiten. Wenn unser Land eine Region der Erholung und der Freude für uns und die vielen Gäste, die uns jährlich besuchen, bleiben soll, müssen die Garten- und Landschaftsgestalter eine schöpferische Funktion innerhalb der Raumplanung erfüllen. Denn zur Pflege und zum Schutz unserer Grünräume sind alle verpflichtet, aber nur die Gärtner vermitteln den besonderen Zauber der Natur. Ihre Arbeit ist eine Quintessenz zur Schaffung einer lebenswerten Umwelt. So sehen wir für die Zukunft ein immer stärkeres Zusammentreffen der Fragen von Gesellschaft und Natur; je industrialisierter unsere Welt wird, je geballter die Menschen zusammenleben müssen, umso mehr muss um heile Zwischenräume gerungen werden, damit eine neue Entfremdung des Menschen hintangehalten werden kann."

*Höhere Bundeslehr- und Versuchsanstalt für Gartenbau,*
*Wien-Schönbrunn, 20. September 1976*

„Dies legt allen, die für das ganze Gasteinertal Verantwortung tragen, eine große Verpflichtung auf, nämlich, diese Umwelt, unter gleichzeitiger fortschreitender Anpassung an die Zeit, zu bewahren. Das überall auftretende Spannungsfeld zwischen notwendiger Technik und notwendiger Unberührtheit löst sich dann am leichtesten auf, wenn dieses Spannungsfeld durch menschliche Harmonie überdeckt wird. Ich meine damit, wenn es gelingt, das politische, kulturelle, wirtschaftliche Leben in einer Kongress- und Erholungsregion so zu gestalten, dass sich auch fremde Menschen dort zu Hause fühlen können."

*25. Internationaler Fortbildungskongress der Deutschen Bundesärztekammer und der Österreichischen Ärztekammer, Bad Gastein, 9. März 1980*

Rudolf Kirchschläger · *Ins Heute gesprochen*

# Wirtschaft

„Auf keinem Gebiet waren die Jahre des sogenannten industriellen Zeitalters ruhige Jahre. Es lag viel Revolutionäres
nicht nur in der technischen und industriellen Entwicklung, sondern auch im soziologischen, politischen und damit
zwangsläufig (auch) kulturellen Bereich."

*100 Jahre Höhere Technische Bundeslehr- und Versuchsanstalt Wien,*
*19. September 1980*

„Ein wirtschaftsgeschichtlicher Rückblick auf die letzten 50
Jahre zeigt uns sehr deutlich, dass es eine Illusion ist, zu glauben, dass die Landwirtschaft, das Gewerbe oder die Industrie
auf Kosten des jeweils anderen Berufszweiges ungestraft auf
die Dauer einseitig Vorteile erzielen können. Genauso wie
auch im internationalen Bereich ein Wirtschaftswachstum
auf Kosten anderer Volkswirtschaften zwar temporär Vorteile
bringt, auf die Dauer aber schließlich zu Situationen führt,
die über die Wirtschaft hinaus im politischen Bereich jene
Gefahrenzonen schafft, die wir schon alle miterlebt haben."

*Eröffnung der Internationalen Landwirtschaftsmesse Wels,*
*30. August 1974*

„Eine schrankenlose Ausnutzung temporärer Macht, auch der
wirtschaftlichen, wird ebenso wenig zu einer für alle befrie-
digenden Lösung führen wie ein absolutes Sich-Verschließen
vor der Tatsache, dass Besitz, Vorrechte und Lebensstil, einmal erworben und angewöhnt, nicht für alle Zukunft unveränderbar sind."

*Neujahrsempfang für das Diplomatische Corps, 9. Jänner 1975*

„Niemand wird die Schwierigkeit der Probleme unterschät-
zen, die sich gegenwärtig vielen Volkswirtschaften der Welt
stellen. Ihre Auswirkung auf den einzelnen Menschen ist
vielfach sehr unmittelbar und die Verantwortung daher groß.
Nur eine von sämtlichen Gesichtspunkten her objektive Behandlung verspricht auch Erfolg. Denn das Lenkungsinstru-

Rudolf Kirchschläger · *Ins Heute gesprochen*

mentarium, das gerade bei einer freien Marktwirtschaft nur in einem bescheidenen Maß zur Verfügung steht, ist allzu kompliziert, als dass es mit Emotionen handhabbar wäre. Möge auch im innerösterreichischen Bereich das sachliche Gespräch in wirtschaftlichen Fragen im Interesse des österreichischen Volkes und im Interesse unserer Republik Leitlinie des Handelns sein und bleiben."

*Wiener Internationale Herbstmesse, 10. September 1975*

# Energie und Umwelt

„Es ist überraschend, für welch lange Zeit in der Vergangenheit das Energieproblem und das Rohstoffproblem weltweit ausschließlich als Preisproblem und allenfalls als Qualitätsproblem gesehen wurden und wie wenig man eigentlich die politische und international soziologische Seite dieser Komplexe in Rechnung gestellt und darauf vertraut hat, dass ein bestehender Zustand auch die Sicherheit des künftigen Bestandes in sich trägt. Es wird kommende Generationen auch überraschen, dass die Menschen des 20. Jahrhunderts so spät erst die Umweltgefahren erkannt und – noch später – nach ihrer Erkenntnis auch gehandelt haben."

*6. Internationale Leichtmetalltagung, 18. Juni 1975*

„Der stets wachsende Bedarf für Energie ist eine Tatsache, und zwar in allen Teilen der Welt, insbesondere auch in den Entwicklungsländern. Um diesen Bedarf und den Mehrbedarf zu decken, wird unter großer Verantwortung die Wahl zu treffen sein, welche Energiequellen hiefür herangezogen werden. Dass die Kernenergie eine dieser möglichen Quellen ist, ist unbestritten. Mit großem Interesse sehen daher wohl alle, die Entscheidungen auf dem Energiesektor zu treffen haben, Ihren sachkundigen und verantwortungsvollen Beratungen entgegen. Dabei sind wir uns alle bewusst, dass die notwendigen Entscheidungen mit dem Blickwinkel auf das Schicksal und auf die Lebensqualität der einzelnen Menschen zu treffen sind."

*IAEO-Konferenz über Kernenergie und ihren Brennstoffkreislauf, 2. Mai 1977*

„Wir werden aber zu bedenken haben, dass sich die Wegwerfgesellschaft weder auf dem allgemeinen Wirtschaftssektor noch auf dem Energiesektor als eine glückliche Art des Wirtschaftens erwiesen hat."

*Eröffnung des Kraftwerkes Rodund II der Illwerke, 2. Juli 1976*

# Sozialpartnerschaft

„D(ies)er soziale Friede ist kein Geschenk, das Österreich von außen her in den Schoß fällt. Er wurde auf der Basis sozialer Gerechtigkeit in Österreich erarbeitet, und er muss immer wieder aufs Neue errungen werden. Dazu bedarf es schwieriger und mühsamer Verhandlungen von erfahrenen und geschulten Vertretern der großen Interessensgruppen und Verbänden, und niemand – außer wir selbst – kann garantieren, dass diese vielbestaunte Integration der österreichischen Industriegesellschaft erhalten bleibt."

*25 Jahre Sozialakademie der Arbeiterkammer, 16. September 1974*

„Die im Gewerkschaftsbund der Nachkriegszeit gewachsene Erkenntnis, dass Demokratie nicht nur eine Gesellschaftsform der freien Auseinandersetzung, sondern auch des freien Suchens nach Übereinstimmung ist, wurde – gemeinsam mit einer gleichen, von der Unternehmerseite her gezeigten Überzeugung – zur Grundlage für jenes partnerschaftliche Verhältnis, das die österreichische wirtschaftliche und politische Situation in der Zweiten Republik sehr maßgebend bestimmt hat."

*9. Bundeskongress des Österreichischen Gewerkschaftsbundes, 10. September 1979*

„Die(se) [Sozial-]Partnerschaft ist für Österreich zu einer schöpferischen Kraft geworden, und sie wird eine solche schöpferische Kraft bleiben, solange sie dem Grundsatz treu bleibt, dass eine Einigung nicht durch Macht, sondern durch ein Suchen nach Verwirklichung von sozialer Gerechtigkeit, verbunden mit einem angemessenen wirtschaftlich vertretbaren Interessenausgleich, herbeigeführt werden soll."

*Angelobung als Bundespräsident vor der Bundesversammlung, 8. Juli 1980*

*Wirtschaft*

„Ich habe nie ein Hehl daraus gemacht, dass ich die Sozialpartnerschaft zu einer jener Errungenschaften zähle, die nicht nur das wirtschaftliche, sondern auch das demokratische Leben in unserer Republik seit 35 und insbesondere seit 30 Jahren geprägt haben. Sicher, auch sie ist nicht und kann nicht als Allheilmittel für sämtliche wirtschaftliche und politische Probleme fungieren. Aber mir scheint doch, dass die gegenwärtige Zeit sich keineswegs dafür anbietet, auf diesem Gebiet nach Experimenten zu suchen, da uns unsere eigene geschichtliche Erfahrung und viele Zeugnisse aus dem Ausland bestätigen, dass diese Sozialpartnerschaft in unserer geopolitischen und wirtschaftlichen Lage sich als adäquateste Form des Interessensausgleichs erwiesen hat."

*Wiener Internationale Frühjahrsmesse, 11. März 1981*

„Durch die Zusammenarbeit, welche die Arbeiterkammern in unserer Zeit gefunden haben mit allen anderen Interessenvertretungen sowohl der Arbeitnehmer als auch der Arbeitgeber, sind sie ein Teil jener Sicherheit in unserer Republik geworden, die über den Begriff der Sicherheit schon hinausgeht und zu einem Teil der Lebensqualität in unserem Lande wird."

*Neueröffnung der Amtsstelle der Kammer für Arbeiter und Angestellte in Vorarlberg, Bludenz, 2. April 1980*

„Die Sozialpartnerschaft ist ein System, das am unmittelbarsten und am weitreichendsten dem österreichischen Volk und seiner ganzen Wirtschaft zugutegekommen ist."

*Wiener Internationale Frühjahrsmesse, 11. März 1981*

„Wir erleben im weltanschaulichen Bereich, dass Brücken, die wir sicher wähnten, gar nicht so tragfähig sind, als wir bisher vermeinten. Dies muss uns zur Wachsamkeit und zum eigenen Engagement dafür veranlassen, nicht Kampflinien abzustecken, sondern das Gemeinsame zu stärken, damit das Werk vergangener Jahrzehnte nicht sinnlos werde. Dies gilt besonders auch für

Rudolf Kirchschläger · *Ins Heute gesprochen*

die Sozial- und Wirtschaftspartnerschaft, die – ich wiederhole es immer wieder – nach meiner festen Überzeugung eine der Voraussetzungen dafür war und ist, dass wir uns in Europa auf einen geachteten wirtschaftlichen Platz emporarbeiten konnten."

*Internationale Landwirtschaftsmesse Ried, 27. August 1983*

„Die gesamte Volkswirtschaft [entwickelt sich] nicht durch Kampfmaßnahmen ihrer einzelnen Zweige und Interessengruppen ... zum Besseren ..., sondern nur in einem Miteinander, in welchem der Weisheit letzter Schluss immer noch das Gespräch und nicht die zügellose Auseinandersetzung ist."

*Internationale Landwirtschaftsmesse Wels, 1. September 1978*

„Eine der gesellschaftlichen Entwicklung in einer Demokratie angemessene Mitbestimmung der Arbeitnehmer in einem Betrieb wird auf den Grad der Zusammenarbeit aller in einem Unternehmen Tätigen einen nicht unerheblichen Einfluss haben. Vielleicht ist es heute gerade die entscheidende Aufgabe eines Managements, jenes persönliche Verhältnis und jene direkte innere Bindung des einzelnen Arbeitnehmers an das Unternehmen herzustellen, die nicht nur eine Erhöhung der Produktivität zur Konsequenz hat, sondern auch im staatlichen Bereich zu jener Überzeugung der Mitverantwortung des Einzelnen führt, die eine Demokratie so notwendig braucht."

*4. Internationaler Produktivitätskongress, 9. Oktober 1974*

„Wir alle wissen um all die volkswirtschaftlichen Lehren über die Verbilligung der Produktion bei Massenerzeugung und die mögliche Verringerung der Handelsspanne durch Großeinkaufsorganisationen und Unternehmen. Aber wer mit den einzelnen Menschen, vor allem, wenn sie älter werden, redet, der weiß auch, welch große menschliche Funktion der Klein- und Mitteltrieb für die Mitmenschen hat."

*25 Jahre Bürgschaftsfonds des Bundesministeriums für Handel, Gewerbe und Industrie, 23. April 1980*

*Wirtschaft*

# Führungsverantwortung

„Die Kunst der verantwortlichen wirtschaftlichen Führung liegt ja gerade darin, in jedem Augenblick der Existenz eines Unternehmens oder auch einer ganzen Berufssparte nicht nur die großen Linien, sondern auch die vielen Einzelheiten zu kennen, die das wirtschaftliche Geschehen vom Inland und vom Ausland her beeinflussen. Nur so ist es möglich, sowohl auf das jeweils Vorgegebene zu reagieren als auch gleichzeitig weitplanend selbst schöpferisch tätig zu werden."

*100 Jahre Verein der Baumwollspinner und Weber Österreichs, 12. Oktober 1976*

„Industrieller zu sein ist eine sehr große und verantwortungsvolle Aufgabe. Nur ein sehr oberflächlicher Beobachter könnte meinen, sie erschöpfe sich in der Erhaltung oder auch der Mehrung des überkommenen Eigentums. Ein Industrieunternehmen verantwortlich zu leiten, heißt, das Schicksal aller Arbeitnehmer ebenso in die Überlegungen und Entscheidungen miteinzubeziehen, wie die Entwicklung der Volkswirtschaft; heißt unzählige Komponenten vor einer Entscheidungsfindung zu berücksichtigen und doch zu rechter und richtiger Zeit zu entscheiden; heißt, ein großes fachliches Wissen mit einem großen politischen Verständnis zu vereinen."

*Tag der Industrie, 11. Oktober 1979*

„Alles, was geschehen ist – es fehlt uns noch an der vollständigen Aufklärung –, ist sehr arg und hat Sumpfgründe aufgezeigt, die trockengelegt werden müssen, und zwar radikal, nicht nur am Beispiel einzelner Personen, sondern durch energische Beseitigung einzelner Praktiken und durch Schaffung eines generellen Klimas der Anständigkeit."

*Wiener Internationale Herbstmesse, 6. September 1980*

„Wir haben in einer für den moralischen Zustand unseres Volkes gefährlichen Weise uns daran gewöhnt, manchen Delikten das Wort ‚Kavalier' voranzusetzen und haben damit vergessen gemacht, dass sie trotzdem Delikte bleiben. Dies hat von der Wurzel her den Blick für die Grenze dessen, was zu tun ehrenhaft ist und was nicht ehrenhaft ist, getrübt."

*Internationale Landwirtschaftsmesse Wels, 29. August 1980*

# Wirtschaft und Politik

„Es [ist] (doch) eine bis in das Heute wirkende Erfahrung, dass fast alle großen politischen Ereignisse entweder im wirtschaftlichen Bereich ihre Ursache und ihren Ausgangspunkt haben oder dass sie mit wirtschaftlichen Folgewirkungen verbunden sind."

*100 Jahre Österreichische Länderbank, 11. September 1980*

„Richtige politische Entscheidung und wirtschaftliche Leistungsfähigkeit standen noch immer und stehen auch heute in einem unmittelbaren Zusammenhang miteinander."

*Eröffnung des Arlberg-Straßentunnels, 1. Dezember 1978*

„Wir können als industrialisiertes Land ohne Meeresküste hier in der Mitte Europas in der Zukunft nur dann wirklich bestehen, wenn wir wirtschaftliches Wachstum haben, wenn wir in Österreich intelligente Produkte erzeugen, wenn es uns in Österreich gelingt, jene Betriebsformen zu schaffen, die in weiter Voraussicht und unter Anwendung aller modernen Erkenntnisse Gewähr dafür bieten, dass auch Schwierigkeiten, die es immer im Wirtschaftsleben geben wird, überstanden werden. Es muss uns in Österreich auch gelingen, ein weitschauendes Grundkonzept auf Jahrzehnte hinaus für die Wirtschaft unserer Republik zu erarbeiten."

*Eröffnung des Bundesschulzentrums Feldbach, 27. März 1981*

„Industrie, Landwirtschaft, Handel und Gewerbe finden in dieser internationalen Messe gemeinsam ihre eindrucksvolle Repräsentation. Es sei dies gleichzeitig auch ein Ausdruck der Interdependenz, die zwischen diesen vier Säulen der Volkswirtschaft gegeben ist, die einander ebenso bedürfen, wie auch im Staate alle, die politische und wirtschaftliche Verantwortung tragen, an einer gesunden Entwicklung aller dieser vier Wirtschaftszweige interessiert sein müssen; dies im Interesse der Mitbürger, die eine unglückliche Gewichtsverteilung sehr früh unmittelbar spüren; dies auch im wahren politischen und zwar staatspolitischen Interesse, sind doch Wirtschaft und Politik in ihren Konsequenzen – reziprok – viel enger miteinander verknüpft als bei oberflächlicher Betrachtung angenommen zu werden pflegt."

*Wiener Internationale Herbstmesse, 8. September 1976*

„Ich habe bewusst neben der Vollendung dieser Kraftwerks-Gruppe [Kaprun] den Abschluss des Staatsvertrages, die Eröffnung der Wiener Staatsoper und die Beschlussfassung über das Allgemeine Sozialversicherungsgesetz angeführt, weil ich damit zeigen möchte, wie Politik, Technik und Wirtschaft, Kultur und soziale Vorsorge ineinandergegriffen haben und alle vier Elemente gemeinsam – man könnte als fünftes Element auch noch die Wehrbereitschaft durch die Schaffung des Bundesheeres dazunehmen – dieses Jahr des Aufbruchs bestimmt haben. Dieser Aufbruch hat uns Österreicher erfasst und hat auch Europa auf uns aufhorchen gemacht."

*25 Jahre Werksgruppe Kaprun der Tauernkraftwerke AG,*
*12. September 1980*

„Ihre große Zielsetzung einer optimalen Einbeziehung Österreichs in ein gesamteuropäisches Wasserstraßennetz ist ein Anliegen, das die österreichische Wirtschaft und damit jeden einzelnen Österreicher unmittelbar berührt. Es ist darüber hinaus aber auch eine echte völkerverbindende und großeuropäische Aufgabe. So, wie große Gebirge dazu neigen, Völker voneinander zu trennen, so verbinden auf der anderen Seite die Wasserstraßen die Menschen. Jedem von uns ist wohl bewusst, dass der Begriff des Donauraumes weit über das Gefühlsmäßige und unbestimmt Schwärmerische hinausgeht, sondern eine echte historische Realität ist. Nicht umsonst bezeichnet die österreichische Außenpolitik alle Länder, die an diesem Fluss liegen, auch dann, wenn sie keine unmittelbaren Grenzen mit Österreich haben, als Nachbarn."

*25 Jahre Österreichischer Kanal- und Schifffahrtsverein,*
*14. Oktober 1976*

„Die Probleme, die sich uns gegenwärtig stellen, sind vielfältig. Sie stellen sich für die Wirtschaft ebenso wie für die Politik. Und doch glaube ich, sie sind kleiner als jene, die wir entweder selbst oder unsere Väter und Großväter im letzten Jahrhundert mit Erfolg überwunden haben."

*100 Jahre Solvay in Österreich, 19. Mai 1983*

„Wie arm wird ein Dorf, ja auch selbst ein Stadtteil, wenn es darin keinen Bäcker, keinen Fleischhauer, keinen Gemischtwarenhandel, keinen Schuhmacher, keinen Schneider und keinen Schlosser, sondern nur mehr eine Tankstelle gibt."

*25 Jahre Bürgschaftsfonds des Bundesministeriums für Handel,*
*Gewerbe und Industrie, 23. April 1980*

Rudolf Kirchschläger · *Ins Heute gesprochen*

# Finanzwirtschaft

„Die Aufgaben, die die Banken und die Kreditwirtschaft als Ganzes im Rahmen eines Staates zu erfüllen hat, [können] für das Wohl des Staates und für das Wohl des Volkes nicht hoch genug eingeschätzt werden ... Es besteht eine sehr starke Wechselwirkung zwischen dem Schicksal, auch zwischen der Praxis der Banken (und) nicht nur [zur] Wirtschaft, sondern auch zur Lebensqualität der einzelnen Menschen. Vertrauen geht sehr leicht zuerst in [die] Banken verloren, und das verlorene Vertrauen, das wirkt dann weiter im ganzen Volk gegenüber allen Institutionen."

*110 Jahre Volkskreditbank Oberösterreich, 11. Juni 1983*

„Dass sich die europäischen Banken (außerdem) nicht immer als Dienende, sondern auch als Herrschende verstanden haben, ist eine menschlich verständliche Entwicklung, entsprach sie doch der Macht, welche in der Zeit der großen, aber wohl allzu kurzen Industrialisierungswellen in den Händen der Banken lag."

*125 Jahre Creditanstalt-Bankverein, 10. Oktober 1980*

„Ich möchte (doch) nicht verschweigen, dass auch mir das rekordmäßige Anwachsen des Leistungsbilanzdefizits und das hohe Budgetdefizit Sorge machen und dass auch mich die gegenwärtig sehr hohe Verbrauchsfreude unserer österreichischen Mitbürger und damit zusammenhängend die geringer gewordene Spareigung mit Bedenken erfüllt; und ich weiß auch nicht, ob der gegenwärtige radikale Wettbewerb der Kreditinstitute um Einlagen auf weite Sicht den Kreditinstituten und gleichzeitig auch der Sparbereitschaft der österreichischen Bevölkerung guttut. ... Wir alle sollten – so meine ich – auch nach Rückschlägen immer wieder nach dem rechten Maße streben."

*100 Jahre Österreichische Länderbank, 11. September 1980*

# Kunst und Kultur

„Kunst, und mag sie noch so sehr nach einem Sein um ihrer
selbst willen und für sich selbst ringen, kann nie ohne gesellschaftlichen Hintergrund leben."

*Eröffnung der Salzburger Festspiele, 26. Juli 1980*

„Österreich [wird] auch in Zukunft nur Bestand haben ...,
wenn es sich als Kulturstaat erweist und das österreichische
Volk als Kulturnation."

*58. Bachfest der Neuen Bachgesellschaft, 24. Mai 1983*

„In der Geistigkeit aber – und ich verstehe darunter mehr
als nur die Kultur –, da wollen wir nicht unabhängig sein,
da wollen wir überfließen, einander geben und voneinander
nehmen. Es gibt dieser Geistigkeit nicht so viel in einem ein-
zigen Lande, dass wir es verantworten könnten, autark sein
zu wollen."

*Laudatio für Cesar Bresgen, Akademie Amriswil (Schweiz),
7. Oktober 1979*

„Der Wiederaufbau des zerstörten Burgtheaters, der zerstörten Staatsoper – und ich muss dazu wohl auch den verbrann-
ten Stephansdom nennen – sind in dem ersten Dezennium
unserer Zweiten Republik zu Aufgaben staatssymbolischen
Charakters geworden. Sie bekamen Vorrang vor gar manchen
wirtschaftlich und sozial wichtiger scheinenden Leistungen,
und ganz Österreich, vom Bodensee bis zum Neusiedlersee,
nahm an diesem Wiederaufbau teil."

*200 Jahre Wiener Burgtheater, 4. April 1976*

„Eine wirkliche Lebensqualität für ein Volk kann es nur in
einem organischen Zusammenwirken von Wirtschaft, Politik
– im weiten Sinne des Wortes – und kulturellem und künstle-
rischem Schaffen geben."

*Eröffnung der Salzburger Festspiele, 26. Juli 1974*

„Vielleicht ist das Weltgeschehen von heute – und ich glaube nicht, dass die Zeit von gestern besser war, sie war nur in ihren Dimensionen kleiner – nur dadurch mit Aufrechterhaltung des inneren Gleichgewichtes zu ertragen, weil es Möglichkeiten des Findens innerer Ruhe gibt, der Besinnung auf ewig Gültiges, auf Wahrheit, auf das Naturschöne und das Kunstschöne. Die Zuflucht mag für manch einen in einer Veranstaltung von jener inneren Größe liegen, wie sie vielleicht auch Salzburg nicht immer bietet, aber doch sicher wie selten anderswo zu bieten in der Lage ist. Sie mag für einen anderen Menschen in einer inneren Zuflucht zu seinem Gott liegen und wieder für einen dritten in beidem."

*Eröffnung der Salzburger Festspiele, 25. Juli 1976*

„Es ist eine Schatzkammer des Geistes, die sich uns hier öffnet, die als Ganzes nur für den erfassbar ist, der eine (große) weite geschichtliche Übersicht sein Eigen nennt, die aber doch ein großes Ziel hat, nämlich zum Denken anzuregen und zu einem Versuch des Verstehens einzelner Epochen der Vergangenheit oder auch nur einzelner Menschen, die in dieser Vergangenheit wirkten – sei es als solche, die Taten setzten und Entscheidungen trafen, sei es auch als solche, die sie beschrieben."

*Eröffnung der Ausstellung „Chronicon Austriae",*
*Österreichische Nationalbibliothek, 28. Mai 1976*

„Der Künstler in seiner Feinnervigkeit sieht viel tiefer. Er macht, so wie wir das manchmal nur im Traum können, die Bewusstseinsvorgänge, die sich in den Menschen manchmal bewusst, manchmal unbewusst vollziehen, greifbar und begreifbar."

*Ausstellung „Das Christusbild im 20. Jahrhundert", Linz,*
*12. März 1981*

„Wir dürfen uns (gleichzeitig) dazu bekennen, dass wir nicht bereit sind, dem vielleicht gelegentlich Popularität gewinnenden Ruf zu folgen und zuerst und im höheren Maß im kulturellen Bereich zu sparen in der irrigen Meinung, dass diesem ein geringerer Einfluss auf das Leben zukomme. Um nicht missverstanden zu werden: Ich bin überzeugt, dass der Sparstift auch bei den kulturellen Aufwendungen und Subventionen sehr ernst gehandhabt werden muss, aber seine Handhabung darf das Maß der Sparbereitschaft in anderen Bereichen nicht unverhältnismäßig übersteigen."

*Eröffnung der Bregenzer Festspiele, 22. Juli 1983*

Rudolf Kirchschläger · *Ins Heute gesprochen*

# Begegnungsort Kunst

„Aus Staaten, die mit uns die gleichen Auffassungen über Wesen und Art der Ordnung zwischenmenschlicher Beziehungen haben, und aus Staaten mit anderen Gesellschaftssystemen kommen Künstler, um hier in der Begegnung miteinander und mit dem vielgestaltigen Publikum zu demonstrieren, dass es über alle ideologischen Grenzen hinweg große gemeinsame Werte gibt, die im Interesse der Menschheit und des Friedens zu pflegen eine fast heilige Aufgabe ist."

*Eröffnung der Bregenzer Festspiele, 21. Juli 1977*

„Die [Salzburger] Festspiele bieten Kunst in einer so hohen Vollendungsstufe, dass sie für viele zu einer Kraftquelle dafür werden, das Heute nüchtern sehen zu können und dabei nicht mutlos zu werden."

*Eröffnung der Salzburger Festspiele, 26. Juli 1979*

„Ob der ‚Linzer Stahl-Symphonie' oder dem ‚Mach-Mit-Konzert' jene Kulturanimation zukommen wird, die ihr zugeschrieben ist, wird wohl erst die Erfahrung zeigen. Eines aber darf jetzt bereits bescheinigt werden: nämlich Mut zum Neuen und die Entschlossenheit, den Menschen als Ganzes als eine Einheit zu nehmen, eine Einheit, in der Arbeit, Kunst und gesellschaftliche Kommunikation ineinanderfließen; Alltag fließt in die Festesfreude und Festesfreude fließt in den Alltag. Und das scheint mir ein vielversprechendes Moment."

*Eröffnung des Brucknerfestes Linz, 6. September 1980*

„Der Festspielrahmen in Österreich [ist] um vieles weiter geworden. Ich vermerke dies mit Genugtuung, obwohl ich mir der damit verbundenen finanziellen und auch sonstiger Probleme bewusst bin. Wenn sich das Angebot und auch die Nachfrage nach Konsumgütern im Laufe des letzten Jahrzehnts in hohem Maße vermehrt und verbreitet hat, dann darf das kulturelle Angebot nicht zurückstehen. Ist doch schon das Entstehen einer Schere zwischen materiellen und geistigen Bedürfnissen und noch mehr deren mögliche Vergrößerung eine echte Gefahr für den Gesamtzustand eines Volkes und damit auch die Situation des Staates. Gerade die kleineren Festspiele mit ihren verschiedenen Namen und Anknüpfungspunkten bieten außerdem zusätzlich sehr oft noch jene unschätzbare Möglichkeit zu einer intensiven, nichtberuflichen künstlerischen Betätigung, zu aktivem Kulturschaffen von vielen Mitbürgern, das Lebensfreude, Erfolgserlebnis und künstlerische Begabung fördert."

*Eröffnung des Brucknerfestes Linz, 2. September 1979*

# Freiheit in der Kunst

„Schon vor einem Jahr, bei der Eröffnung des 9. Steirischen
Herbstes, habe ich mich zu dem Wagnis des Steirischen Herbstes bekannt. Dies nicht aus einer Höflichkeit gegenüber den
Veranstaltern oder gegenüber dem Lande Steiermark, sondern
aus der Überzeugung, dass dieses permanente Experiment notwendig ist; notwendig vor allem für Menschen, die wissen, dass
es unerlässlich ist zu kennen, was in der Welt vorgeht und die
gerade deswegen die Fähigkeit besitzen, auch dann selbst zu
wählen, was an kulturellen Manifestationen des Heute letztlich
auch das für sie Akzeptable ist und was wert ist, dass es bleibe.
Nicht der Staat oder das Land oder die Stadt wollen durch
den Steirischen Herbst dem Bürger sagen: Dies ist das Wahre,
dies ist das Schöne, dies ist das für dich Adäquate, sondern
d[ie] Bürger, der jüngere und der ältere, müssen und sollen
auch in kultureller Mündigkeit ihre Entscheidungen treffen.
Dazu gehört Mut von beiden Seiten, vom Offerierenden und
Annehmenden, denn das Ja und das Nein, beide können das
Sozialprestige des Einzelnen beeinflussen. Dieser Mut hat nie
gefehlt. Dass Mut nicht immer Beifall oder Belohnung findet,
gehört zu seinem Wesen.
Trotz des Mutes ist der Steirische Herbst kein Kampf-Festi-
val. Er offeriert das künstlerische und kulturelle Schaffen der
Gegenwart, um alleinige Besitzansprüche für das, was Kultur,
Kunst und auch Bildung genannt werden darf, zurückzuwei-
sen: Er offeriert, um die geistige Mauer, die wir vielfach selbst
uns aufgebaut haben, zu durchstoßen, aber er weiß dabei
auch, dass der Widerspruch für sich allein noch nicht Kultur
und Kunst ist, sondern nur dann, wenn auch im Widerspruch
das Schöpferische liegt und das Suchen nach Wahrheit und
wohl auch –zumindest für mich – ein gewisses Maß an Ästhetik, die auch in aufrüttelnder und selbst revolutionierender
Kunst noch fühlbar sein muss."

*Eröffnung des Steirischen Herbstes, 8. Oktober 1977*

„Auch ich nehme für mich das Recht in Anspruch, Dinge, die ich für wertvoll halte, wertvoll zu nennen und Dinge, die ich auch bei gebührender Offenheit nicht mehr zu verstehen in der Lage bin, auch abzulehnen."

*Eröffnung des Steirischen Herbstes, 9. Oktober 1976*

„Wir brauchen auch in der Kunst Toleranz für einander, jene Anerkennung des freien Entscheidungsrechtes des Mitmenschen, die auch das übrige Leben erst erträglich in der Gemeinschaft mach[t]. Das Verlangen nach Duldsamkeit des anderen setzt aber auch dem eigenen Tun Grenzen."

*Eröffnung des Brucknerfestes Linz, 6. September 1980*

„Die künstlerische Freiheit als ein Teilelement der menschlichen Freiheit ist von einem ungeheuer großen geistigen Wert. Auf sie kann nicht verzichtet werden. Die Notwendigkeit der Begegnung ist für die Kunst, aber auch für die staatspolitische und internationale Stellung Wiens ebenfalls ein sehr existenzieller Wert. Hier jeweils eine tragfähige Brücke für beide Anliegen zu schaffen, war, wird immer eine der schwierigsten Aufgaben jener sein."

*Eröffnung der Wiener Festwochen, 17. Mai 1981*

„Der Steirische Herbst wird wieder viele Anregungen geben. Haben wir den Mut zum Ja-Sagen und haben wir den Mut zum Nein-Sagen, aber sagen wir das Ja und Nein in Achtung vor den Mitmenschen und nicht zur Verteidigung egoistischer Interessen."

*Eröffnung des Steirischen Herbstes, 17. Oktober 1981*

„Sie haben durch die hohen Anforderungen, die Sie an die österreichische Kunst als Ganzes und an das österreichische Schauspiel, an die österreichischen Dichter, aber auch an die Menschen in Österreich gestellt haben, das künstlerische und menschliche Niveau in Österreich gehoben. Denn Ihre Kritik ist manchmal doch sehr deutlich und nicht so verschlüsselt, wie ich sie gelegentlich anbringe – aber das sind unsere verschiedenen Wesen und Aufgaben, die alle in einem Volk notwendig sind."

*75. Geburtstag Hans Weigel, 30. Mai 1983*

# Gesellschaftliche Dimension

„Sie [die Wiener Festwochen] könnten kraft ihrer Vielfalt, mit der sie alle Gruppen von Menschen ansprechen, jenes Erkennen der gemeinsamen Werte fördern, die uns gerade im kulturellen und zivilisatorischen Bereich verbinden und Brücken zu schlagen in der Lage sind, dort, wo Gräben sich aufgetan haben."

*Eröffnung der Wiener Festwochen, 7. Mai 1983*

„Sie [die Salzburger Festspiele] sind eine geistige Selbstbestätigung unseres Landes, die sehr viele Mitbürger empfinden, auch wenn sie diese Festspiele lediglich im Fernsehen oder im Rundfunk erleben können. Und selbst für jene erfüllen sie ihre Aufgabe, für die der Vers Ovids gilt: ‚Spectatum veniunt, veniunt spectentur ut ipsae' – ‚Zum Schauen kommen sie hin. Sie kommen, damit man sie sehe.' Denn schließlich sei höchste Individualität nicht nur dem Künstler, sondern auch dem Besucher gestattet."

*Eröffnung der Salzburger Festspiele, 24. Juli 1977*

„Wir können aus diesem Stift in seiner großartigen barocken Entfaltung lernen, dass sich Lebensfreude und Zeitbezogenheit ohne Weiteres auch mit einem Leben vereinbaren lassen, das von hohen ethischen und auch religiösen Grundprinzipien begleitet ist. Wir sehen aus dieser Ausstellung aber auch, dass die Freude am Schönen nur dann umfassend ist, wenn sie auch die Ästhetik mit einschließt. Gerade die Barockzeit liefert uns schließlich auch den Beweis dafür, dass eine Gegenwartsbezogenheit nur dann nicht zur verallgemeinerten Ich-Bezogenheit und zur Genusssucht wird, wenn sie auch mit dem Forschen, mit dem Denken und mit der Verantwortung für die Zukunft Hand in Hand geht."

*Oberösterreichische Landesausstellung „Welt des Barock",*
*Stift St. Florian, 24. April 1986*

Rudolf Kirchschläger · *Ins Heute gesprochen*

„Der Steirische Herbst ist eine kulturelle und damit zwangsläufig auch eine politische Manifestation. Er ist eine Art Zeit-
spiegel und er macht uns bestehende Probleme und Den-
kungsweisen erst so richtig bewusst. Der Steirische Herbst
ist es, der uns seit seinem Bestande manche Brille von den
Augen nimmt und uns den Ist-Zustand darstellt. An uns,
meine geschätzten Mitbürger, ist es gelegen, zu entscheiden,
wieweit wir mit diesem Ist-Zustand einverstanden sind und
wie weit er von dem entfernt ist, was wir als einen Soll-Zu-
stand bezeichnen möchten."

*Eröffnung des Steirischen Herbstes, 18. Oktober 1980*

„Ich bin der Überzeugung, dass es Vorarlberg und ganz Österreich nicht notwendig haben, nach nicht nachzuahmen-
den historischen Beispielen mit Spielen die Not und Sorge
der Mehrheit des Volkes zu überdecken, sondern dass für uns
die festlichen Spiele im Lande eine frohe und wesentliche
Ergänzung des Lebens der einzelnen Menschen sein sollen.
Diese Festspiele sollen den Menschen das, was sie besitzen,
ergänzen, aber nicht den Kummer über das, das sie nicht
besitzen, vergessen lassen."

*Eröffnung der Bregenzer Festspiele, 17. Juli 1975*

„Die Salzburger Festspiele steigen und fallen in ihrem Werte
und in ihrer Existenzberechtigung, ja fast möchte ich sagen, in
ihrer nationalen Existenzpflicht, nicht mit den ökonomischen
Ziffern der nationalen und internationalen Wirtschaftsstatis-
tik, und auch nicht mit dem Grade internationaler Spannung
oder Détente. Sie erfüllen ein Bedürfnis des Lebens, das zeitlos
ist, weil es seinen Grund in der menschlichen Natur und damit wohl auch im Schöpfungsziel hat. So hat diese Festspiele
wohl auch Max Reinhardt erträumt, wenn er sich wünschte,
hier in Salzburg ,ein Theater zu verwirklichen, das den Menschen wieder Freude gibt'. Freude aber kommt nicht nur aus
dem Geschauten und Gehörten, Freude wächst auch aus dem

Bewusstwerden des Mitmenschen als gleichwertigem Du, ohne Anspruch zu erheben auf dessen Gefolgschaft oder gar Besitz, sondern einfach aus dem Erahnen des Reichtums menschlicher Persönlichkeit, deren keine nur geben kann, ohne zu empfangen, und keine nur empfangen, ohne zu geben."

*Eröffnung der Salzburger Festspiele. 26. Juli 1983*

„Was aber das Barock betrifft, so scheint es wohl manchmal die uns Österreichern naheliegendste Lebensform zu sein, und in der Tat, der barocken Menschen gibt es heute noch viele, und auch gar manches barocke Fest wird noch gefeiert. Der Sinn für das Festliche und Lebensfrohe, der Drang, das Irdische auszukosten und die Diesseitsfreude sind wohl Eigenschaften, die wir mit der barocken Prunkarchitektur übernommen haben. Dass Barock aber auch in modernes Denken, eine Hineinnahme der damaligen technischen Kenntnisse in das Leben gewesen ist und auch ein Ausdruck der Freude über neue Erkenntnisse naturwissenschaftlicher und geistiger Zusammenhänge, all dies wird uns gerade durch diese Ausstellung erneut zum Bewusstsein gebracht."

*Ausstellung „Prinz Eugen und das barocke Österreich", Schlosshof, 21. April 1986*

„Hier wird ein Baustein zum Einswerden der Völker gelegt, hier verbindet sich höchste Konzentration mit heiterer Gelassenheit, hier wird nach Wahrheit und nach ewig Gültigem gesucht."

*Eröffnung der Salzburger Festspiele, 25. Juli 1976*

„Gutes und sehr Gutes hören und sehen zu können ist ein beglückendes inneres Erlebnis; selbst aber – wenn auch mit weit bescheidenerem Vollendungsgrad – zu musizieren, Theater zu spielen, bildnerisch zu gestalten, bereichert das Leben in einem noch unvergleichlich höheren Maße."

*Eröffnung der Wiener Festwochen, 17. Mai 1980*

# Offenheit – Tiefgang – Weite

„Das heurige Ausstellungsthema reicht von Max Reinhardt bis unmittelbar in unsere Zeit, bis in das noch in Bewegung begriffene Kulturleben unserer Tage, in ihre fruchtbaren Spannungen aber auch ihre Diskussionen. Eine solche Gegenüberstellung des Theatergeschehens bei den Salzburger Festspielen durch fünf Jahrzehnte scheint mir sehr viel zu geben. Diese fünf Jahrzehnte hatten politisch, sozial und geistesgeschichtlich einen ganz verschiedenen Hintergrund. Wenn das Theater nun tatsächlich ein Spiegel des Lebens ist, dann muss sich aus dieser Ausstellung nicht nur eine Gegenüberstellung verschieden strukturierter Kunstformen ergeben, sondern zugleich eine Wiederbegegnung mit den gesellschaftspolitisch verschieden strukturierten Zeitaltern und deren Lebensformen."

*Ausstellung „Von Reinhardt bis Strehler. 5 Jahrzehnte Schauspiel bei den Salzburger Festspielen", 26. Juli 1975*

„Anton Bruckner, der Ehrfürchtige und Bescheidene und gleichzeitig der wahrhaft Große, soll nunmehr ein sich jährlich wiederholendes Fest bekommen, das seinen Namen trägt und sein Werk, nicht nur das sakrale, sondern auch das symphonische, dem Menschen nahebringt und ihnen das schenkt, was er zu geben in der Lage ist; und das ist sehr viel."

*Eröffnung des Brucknerfestes Linz, 4. September 1975*

„Vielleicht ist es in besonderem Maße Anton Bruckner, der zu uns in jener Sprache spricht, die wir heute, einem glücklichen Trend vor allem der Jugend folgend, zu hören verlangen. Nichts an seinem Schaffen ist gekünstelt, nichts nur nackte Kompositionstechnik. Überall ist seine Natur, seine Überzeugung spürbar, auf der er gewachsen ist. Die Sehnsucht nach dem Wahren, nach dem Echten, die Sehnsucht nach Ehrlichkeit, die nach einem vorübergehenden absoluten Glauben an das Machbare die Menschen überall auf unserem Kontinent befällt, ist wohl ein Grund dafür, dass Anton Bruckner von Jahr zu Jahr immer mehr Menschen innerlich etwas zu geben vermag, dass seine Musik in einem selbst vor 30 Jahren noch nicht ahnbaren Maß aufgenommen und angenommen und für gar manche auch zu einer Lebenshilfe wird."

*Eröffnung des Brucknerfestes Linz, 5. September 1981*

„Alles uns Überkommene war einmal Experiment, war einmal neu, ja vielfach auch revolutionär. Durch das grundsätzliche Ja zum Experiment, zum Versuch und auch zu unserer zeitgenössischen Darstellung mag der Steirische Herbst auf weite Sicht mit dazu beitragen, dass einmal auch dieses Jahrzehnt, in dem wir leben, oder die Hälfte dieses Jahrhunderts, in künftigen Zeiten durch aussagekräftiges künstlerisches Schaffen erhalten bleibe. Voraussetzung für dieses Erhaltenbleiben ist innere Wahrheit des Schaffens. Diese immer schon im Voraus zu erkennen, ist niemandem möglich."

*Eröffnung des Steirischen Herbstes, 9. Oktober 1976*

„Sicher darf diese fortdauernde Besinnung auf Bruckner nicht zu einer Ausschließlichkeit führen. Die persönliche Ernte erlebter Kunst besteht ja darin, dass wahre Kunst den Menschen von der Einseitigkeit befreit und offen macht für jedes künstlerische Schaffen, aus dem die innere Wahrheit spürbar ist, gleichgültig ob in Musik, im gesprochenen Wort oder in der darstellenden Kunst."

*Eröffnung des Brucknerfestes Linz, 4. September 1976*

„Ich meine damit insbesondere die persönlichen Eigenschaften Anton Bruckners, die im Brucknerfest nachzuvollziehen von der künstlerischen und wirtschaftlichen Leitung getreu versucht wurden: So etwa Bruckners Bescheidenheit in der äußeren Form und im Lebensstil, verbunden mit den höchsten künstlerischen Ansprüchen an das Werk und seine Vollendung; der Wille Bruckners zum eigenen Weg und die Aufgeschlossenheit gegenüber dem damals Neuen, verbunden mit dem Geltenlassen auch anderer, ja selbst deren Bewunderung; und wenn auch die Frömmigkeit Anton Bruckners eine persönliche Gnade und Lebensmaxime gewesen und nicht auf festliche Spiele übertragbar ist, so muss doch dem Brucknerfest bescheinigt werden, dass es auch im Suchen nach der Präsentation moderner künstlerischer Ausdrucksformen nie die religiösen Gefühle der Mitmenschen gekränkt oder Prinzipien der Ästhetik verletzt hat."

*Eröffnung des 10. Brucknerfestes Linz, 4. September 1983*

„Die Salzburger Festspiele erschöpfen sich aber nicht in der Schönheit und im ästhetischen Genuss. Sie sind für jeden, der in ihnen mehr als das überdimensionierte Spektakel sieht – und wer dies tut, dem bleiben sie in ihrem Wesen verschlossen –, auch Brücken zur Menschlichkeit, Mahner zum Menschsein. Dies nicht aus einer in sie hineininterpretierten Bezogenheit auf den Menschen, sondern aus dem Wesen jedes künstlerischen Schaffens heraus, das am Menschen und am Menschenschicksal nicht vorbeigehen kann."

*Eröffnung der Salzburger Festspiele, 26. Juli 1978*

„Diese Faszination des Hineinreichens in Sphären, die wissenschaftlich noch beschreibbar sein mögen, die aber der Einzelne, der die Musik erlebt, nur mehr in seiner Ganzheit von Wissen und Gefühl zu erfassen vermag, sie ist Bach ebenso eigen wie Beethoven oder Mozart, wie Haydn oder wie auch Anton Bruckner oder Johannes Brahms und anderen Begnadeten mehr. Und diese weit außerhalb des Gewohnten liegende musikalische, geistige und menschliche Aussagefähigkeit ist wohl auch der Grund, warum sich die Kompositionen dieser wahrhaften Meister in jeder Zeit, auch in unserer, behaupten und auch immer wieder die Jugend faszinieren; sie vielleicht sogar noch mehr, weil sie ähnlich dem fortgeschrittenen Alter ein gutes Gespür für das Echte und das Ehrliche besitzt."

*58. Bachfest der Neuen Bachgesellschaft, 24. Mai 1983*

„Sie [sehr geschätzter Herr von Karajan,] gehören einer Menschheit, die nach Wahrheit sucht, allüberall, denn Sie verstehen, ein Erahnen des Absoluten zu vermitteln."

*Ausstellung „Herbert von Karajan in Salzburg", 16. März 1978*

# Wissenschaft

„Nur wenn es uns in der Gegenwart und in der Zukunft gelingt, durch weit auch über den internationalen Maßstab hinausgehende Leistungen auf wissenschaftlichem Gebiet als Österreicher in der Welt zu bestehen, werden auch die Voraussetzungen dafür geschaffen sein, dass dieses Land in der Mitte Europas nicht nur ein Platz der Begegnung, sondern auch ein Land mit einer Ausstrahlungsfähigkeit bleibt, die unserer Republik und dem österreichischen Volk die notwendige internationale Achtung sichert, ohne die auf die Dauer ein Volk und ein Land nicht bestehen können."

*Promotion sub auspiciis praesidentis, Universität Wien, 9. Juli 1975*

„Es bedarf einer großen inneren Kraft, die harte Aufgabe der Fortbildung gewissenhaft auf sich zu nehmen. Vielleicht ist gerade die Liebe zum Menschen für Sie diese Kraft. Wenn Paracelsus meinte, ‚Liebe ist es, welche die Kunst lehret, und außerhalb derselben wird kein Arzt geboren‘ oder wenn Teilhard de Chardin den Begriff der ‚Energie Liebe‘ begründet, scheinen mir sehr große Denker, die gleichzeitig große Menschen waren, diese Kraftquelle der Liebe zu bestätigen. Ich glaube, ich kann mich gerade in diesem Punkt etwas in die an Sie gestellten Forderungen und in Ihr Handeln hineindenken, weil auch an uns, die wir im öffentlichen Leben tätig sind, ähnliche, wenn nicht gleiche ethische Postulate gestellt werden."

*25. Internationaler Fortbildungskongress der Deutschen Bundesärztekammer und der Österreichischen Ärztekammer, Bad Gastein, 9. März 1980*

# Freiheit in der Wissenschaft

„Der Grundsatz ‚in veritate libertas' an der Stirnseite dieses Festsaales stellt eine Forderung an die Universität und eine an den Staat als Ganzen: an die Universität die Forderung, nach der Wahrheit zu forschen, auf dass aus ihr die rechte Freiheit komme, an den Staat das Gebot, die Freiheit zu gewähren, damit das Suchen nach Wahrheit und das Aussprechen der Wahrheit möglich und nicht vergeblich sei."

*Eröffnung des Neubaus von Instituten der medizinischen Fakultät sowie der Sportanlagen und Grundsteinlegung für den Neubau der philosophischen Fakultät der Universität Innsbruck, 11. September 1975*

„Jede Institution kann in der vollen Komplexität ihrer Existenz wohl nur dann ganz verstanden werden, wenn deren Geschichte und damit deren geistige Wurzeln in die Betrachtung mit einbezogen werden. Es ist sicher keine der im Übrigen gar nicht so seltenen nachträglichen Hineininterpretationen, wenn Sie als Akademie und ich als Bundespräsident darauf stolz sind, dass das Postulat der Freiheit wissenschaftlicher Forschung einer der Hauptbeweggründe für die Gründung der Akademie durch Kaiser Ferdinand I. auf den Tag genau heute vor 139 Jahren gewesen ist. Dass der Entwurf für die Allerhöchste Entschließung die Handschrift Metternichs trug, tut dieser Feststellung keinen Abbruch. Metternich hat – so meine ich – die Erfordernisse der Zeit und das, was nicht mehr aufschiebbar war, darunter auch das Postulat der Freiheit, sehr oft schärfer erfasst als seine Kritiker ihm zuzugestehen bereit waren. Dass unter den ersten Mitgliedern der Akademie auch der gerade gegenüber Metternich manchmal ätzende Kritiker Franz Grillparzer gewesen ist, zeigt diese Grundtendenz deutlich."

*Feierliche Sitzung der Österreichischen Akademie der Wissenschaften, 14. Mai 1986*

# Gesellschaftliche Bedeutung

„Es ist unser aller großes Anliegen, dass die(se) optimale Lehr- und Forschungsqualität unserer Universitäten erhalten bleibt. Nur damit kann in einem geistigen europa- und weltweiten Konkurrenzkampf auch ein kleines Volk und ein kleiner Staat bestehen und sich behaupten. Wir werden auch in Zukunft ohne Höchstleistungen auf wissenschaftlichem Gebiet nicht auskommen können. Solche Höchstleistungen aber verlangen immer beides: sowohl eine entsprechende materielle Grundlage als auch eine persönliche Arbeitsbereitschaft besonderen Grades, die man früher mit den heute nicht immer modern scheinenden Worten Fleiß und Ausdauer zu bezeichnen pflegte."

*Promotion sub auspiciis praesidentis, Technische Universität Wien,*
*13. Mai 1976*

„Ich wünsche Ihnen auch, dass Ihnen die Freude nach dem Suchen nach immer mehr Wissen und nach einer besseren Erkenntnis der Wahrheit bleibt. Gerade Ihre Fähigkeit(en) zu denken, die Sie so sehr auch in Ihrem Studium geschult haben, scheint mir eine wirksame Garantie gegen die Gefahr der Manipulation zu sein, der wir alle, auch wenn wir akademische Grade tragen, immer wieder ausgesetzt sind."

*Promotion sub auspiciis praesidentis, Technische Universität Wien,*
*6. März 1986*

# Natur- und Geisteswissenschaften

„Die Lebensbedingungen sind, verglichen mit der Zeit vor 40, 50 oder 60 Jahren, um vieles problemloser geworden. Das gesellschaftliche und geistige Spannungsfeld aber hat sich vergrößert; wohl auch deswegen, weil die Naturwissenschaften viele Antworten geben konnten, für die ein Äquivalent im geisteswissenschaftlichen Bereich fehlte oder vielleicht auch manchmal nur zu fehlen scheint."

*Übergabe des Universitätsgebäudes der Universität für*
*Bildungswissenschaften Klagenfurt, 7. Oktober 1977*

„Sie zeigen, dass es Erkenntnisse und Dinge gibt, über die auf der ganzen Welt zwar in vielen Sprachen, aber gleichzeitig doch aus gemeinsamen Erkenntnissen heraus gesprochen werden kann. Sie sprechen nicht über das, was opportun ist, sondern über das, was aufgrund Ihres Erkennens Tatsache ist. Das gibt jenes Weltgemeinsamkeitsgefühl, das wir brauchen, wollen wir durch wissenschaftliche Erkenntnisse dazu beitragen, auch das politisch Gemeinsame in der Welt stärker wirksam werden zulassen."

*7. Internationaler Vakuumkongress und 3. Internationale Konferenz*
*über Festkörperoberflächen, 12. September 1977*

„Vergessen wir nicht, dass gerade das naturwissenschaftliche Denken und Erleben bewusst und unbewusst auch auf die geistige Formation des jungen Menschen einen starken Einfluss ausübt und es die Aufgabe von uns Älteren bleibt, die innere Integration zwischen uns allen zu erhalten."

*Angelobung als Bundespräsident vor der Bundesversammlung,*
*8. Juli 1974*

„Es wird keine europäische wirtschaftliche Zusammenarbeit möglich sein, wenn nicht Hand in Hand mit ihr eine Zusammenarbeit der Naturwissenschaften geht, die die Grundlage jeder wirtschaftlichen Produktion ist. Es wird keine geistige Auseinandersetzung möglich sein, wenn nicht eine Begegnung der Geisteswissenschaftler stattfindet, die zur Erlangung einer gemeinsamen Sprache als absolut korrektes Verständigungsmittel führt. Denn nur dort, wo die Positionen eindeutig und für den anderen verständlich umschrieben werden, ist auch eine Brücke möglich."

*Generalversammlung der europäischen Rektorenkonferenz,*
*7. Juni 1975*

„Die Fortschritte in Naturwissenschaft und Technik des vergangenen Jahrhunderts haben die Bedeutung des Messens und damit auch die Lehre von den Massen besonders stark in den Vordergrund geschoben. Man hat auch damals erkannt, dass man ein nützliches wissenschaftliches Gespräch nur dann führen kann, wenn die Grundbegriffe dieselben sind – eine Wahrheit, die nicht nur für das wissenschaftliche Gespräch gilt. Die Eindeutigkeit des Maßes war Voraussetzung für die vielfältigen naturwissenschaftlichen Erkenntnisse, die wir auf unserer Welt im Laufe des jetzigen Jahrhunderts gefunden haben."

*100 Jahre Meterkonvention, 9. Oktober 1975*

„Vielleicht wird es auch eine faszinierende Aufgabe der technischen Wissenschaften und der großen Konstrukteure sein, sich auf Maschinen und ganze industrielle Anlagen zu konzentrieren, die, so wie die in den letzten Jahren konstruierten menschensparend waren, in der Zukunft auch energiesparend sein werden."

*Eröffnung des Draukraftwerkes Ferlach-Maria Rain, 27. Juni 1975*

„Die Technik ist sicher keine nur dienende Wissenschaft, sondern sie kann und soll sehr stark auch zu einer gesellschaftlich treibenden Kraft werden. Sie darf dabei aber auf keinen Fall die Beziehung zum Menschen verlieren, und es darf auch die Politik und es dürfen die gesellschaftspolitischen Kräfte und insbesondere auch die Religion nicht auf ihre Verantwortung, die sie gegenüber dem Menschen haben, verzichten. Je mehr es gelingt, eine gleichgewichtige, pendelschlagarme Harmonie zwischen den gesellschaftlichen und den naturwissenschaftlichen und technischen Kräften zu begründen und zu erhalten, desto mehr werden die Menschen auch die Früchte des Forschens und des technischen Wissens und Könnens genießen können."

*Ingenieur- und Architektentag, 16. Oktober 1980*

# Internationale
# Politik

„Immer, wenn ich das Haus der Industrie betrete, werden in mir die Erinnerungen an jene Maitage 1955 wach, in denen hier in diesem Saal an einem fünfeckigen Tisch um den Abschluss des österreichischen Staatsvertrages gerungen wurde. Mehr noch als wir es damals taten, erkennen wir heute die geschichtliche Bedeutung dieser Botschafterkonferenz, in welcher die österreichische Delegation von Außenminister Figl und Staatssekretär Kreisky geführt wurde. Ich glaube, es ist keine Übertreibung, wenn ich sage: Wären diese Verhandlungen mit den vier Alliierten vom 2. bis 14. Mai damals nicht mit der Unterzeichnung des österreichischen Staatsvertrages am 15. Mai abgeschlossen worden, Europa würde heute anders aussehen und zwar um vieles schlechter und gefahrvoller. Und Österreich wäre noch lange ein armes Land geblieben, Objekt und nicht Subjekt der europäischen und der Weltpolitik."

*Tag der Industrie, 11. Oktober 1979*

„Kleinere und mittlere Staaten werden heute in der Welt und vielleicht auch einmal vor der Geschichte danach gemessen werden, wieweit es ihnen gelingt, zu einer Mehrung des gegenseitigen, sachlich fundierten Vertrauens in einer noch immer waffenstarrenden Welt beizutragen."

*Empfang für das Diplomatische Corps, 9. Juli 1974*

„Die österreichische Funktion ist, Mitte zu sein, und dies bedeutet auch, sich von allen Extremen fernzuhalten. Dies verlangt aber auch zusätzlich für diese Mitte einen geistigen Hintergrund zu haben, denn Oberflächlichkeit führt auch in der Politik, einschließlich der Außenpolitik, zu einer Unvorhersehbarkeit des Handelns, die nicht nur das Vertrauen, sondern auch die Achtung vermindert."

*Neujahrsempfang für das Diplomatische Corps, 8. Jänner 1986*

„Erkennen wir aber und anerkennen wir die Wechselwirkung zwischen der Politik nach außen und der Politik im Inneren, dann wird uns auch bewusst, dass die Außenpolitik keineswegs ein Sachgebiet sein soll und sein darf, das allein der Diplomatie, und sei sie noch so hochqualifiziert, vorbehalten bleiben darf. Dann drängt sich uns das Postulat auf, alles das, was in der Außenpolitik geschieht, einem möglichst breiten Teil des Volkes verständlich zu machen und damit möglichst viele Mitbürger dazu zu bringen, sich mit außenpolitischen Fragen zu befassen."

*20 Jahre Österreichische Gesellschaft für Außenpolitik und internationale Beziehungen, 16. November 1978*

„Die Republik Österreich sieht eine ihrer internationalen Aufgaben darin, Platz der Begegnung zu sein. Wir nehmen diese Aufgabe ernst, weil wir glauben, aufgrund unserer geografischen Lage, unserer historischen Erfahrung und des Charakters des Österreichischen Volkes, aber auch aufgrund unserer immerwährenden Neutralität durch die Übernahme dieser Funktion zu einer friedlicheren Welt, zu einer Welt eines größeren gegenseitigen Verständnisses beitragen zu können."

*17. UNIPEDE-Kongress [Union internationale des producteurs et distributeurs d'énergie électrique], 23. Mai 1976*

„Wir sind eine Zone des Friedens und wir wollen eine Zone des Friedens bleiben, und alle Staaten können darauf vertrauen, dass uns auch in Zukunft nichts von dieser internationalen Stellung und von diesem politischen Willen abbringen wird."

*Empfang für das Diplomatische Corps, 9. Juli 1980*

„Österreich ist sich als ein, verglichen mit vielen anderen Staaten der Welt, wirtschaftlich konsolidierter Industriestaat dessen bewusst, dass abgesehen von ideologischen Spannungen ein Weltfriede auf Dauer nur begründet werden kann, wenn sich die Diskrepanz zwischen den reichen und den armen Staaten und Völkern verringert und einem fairen Ausgleich zustrebt.

Eine Umkehr des gegenwärtigen gegenteiligen Trends wird ohne Opfer der reichen Staaten und, da Staaten keine abstrakten Gebilde sind, ohne Opfer der Menschen in den reichen Staaten nicht möglich sein. Diese Erkenntnis zu vermitteln scheint eine große und schwere, aber auch unabdingbare Friedensaufgabe."

*Neujahrsempfang für das Diplomatische Corps, 9. Jänner 1979*

„Ich habe immer die Auffassung vertreten, dass Beziehungen zwischen zwei Staaten und zwischen zwei Völkern sich dann am besten entwickeln, wenn alle Erscheinungsformen des täglichen Lebens mitberücksichtigt werden. Es genügt nicht allein, wirtschaftliche Beziehungen zu pflegen, und es genügt auch nicht allein, sich nur auf den Kulturaustausch zu konzentrieren. Es genügt auch nicht allein, nur Sport oder nur die Wissenschaft als Basis für eine Zusammenarbeit zu nehmen. Und auch der Tourismus für sich allein ist zu wenig."

*15-Jahr-Feier der Gesellschaft zur Förderung freundschaftlicher und kultureller Beziehungen zur Volksrepublik China, 22. Mai 1986*

„Mit Schuldzuweisungen müssen alle Völker vorsichtig sein. Gerade der Aufbruch vieler, offensichtlich nur notdürftig vernarbter Wunden in der letzten Zeit lässt mich vermuten, dass wohl keine der europäischen Nationen – und Amerika mit eingeschlossen – die Vergangenheit ganz bewältigt hat. Aber vielleicht sollen sich alle Nationen mehr darauf konzentrieren, die unendlich großen Probleme der Gegenwart und der Zukunft zu bewältigen. Versuchen wir es, und versuchen wir es gemeinsam!"

*Fernsehansprache [im Zusammenhang mit der Kandidatur von Herrn Dr. Kurt Waldheim für das Amt des Bundespräsidenten], 22. April 1986*

Rudolf Kirchschläger · *Ins Heute gesprochen*

„Wenn wir unsere Anstrengungen [darauf] konzentrieren, Kämpfe, Gewalt und Unrecht aus den zwischenstaatlichen Beziehungen zu verbannen, ist es auch unsere Pflicht, darauf zu achten, dass Gewalt und Unrecht nicht in anderer Form das Zusammenleben der Menschen bedrohen. Der in verschiedenen Erscheinungsformen auftretende Terrorismus ist ebensowenig wie der Krieg ein taugliches Mittel, tatsächliches oder vermeintliches Unrecht zu beseitigen. Der Terrorismus bedroht die Lebensinteressen aller Völker und aller Staaten. Er erfordert daher auch das gemeinsame Handeln aller Regierungen."

*Neujahrsempfang für das Diplomatische Corps, 11. Jänner 1978*

# Neutralität

„Wenn im Jahre 1815 die Signatarstaaten des Wiener Kongresses der Schweizerischen Eidgenossenschaft bescheinigten, dass ihre Neutralität im Interesse der europäischen Staaten liege, so scheint mir, dass die Begegnung der Herren Außenminister der vier Signatarstaaten aus Anlass dieses Staatsvertragsjubiläums und die Anwesenheit der Herren Außenminister aller Nachbarstaaten zu diesem Staatsvertragsjubiläum auch eine über ein Vertragsdokument hinausgehende weithin sichtbare Demonstration dafür ist, dass heute auch die österreichische immerwährende Neutralität im Interesse der europäischen Staatenwelt, ja darüber hinaus im Interesse auch mancher außereuropäischer Staaten gelegen ist."

*Staatsakt zu 25 Jahre Unterzeichnung des Österreichischen*
*Staatsvertrages, 15. Mai 1980*

„Es ist richtig: Die Schweizerische Eidgenossenschaft war in den ersten Jahren unserer immerwährenden Neutralität unser großer Lehrmeister. Gerne erinnere ich mich auch persönlich an diese Lehrjahre. Dass aus diesem Meister-Schüler-Verhältnis eine Partnerschaft werden konnte, wie sie nicht zwischen sehr vielen Nachbarn auf dieser Erde besteht, gibt ein weithin sichtbares Zeugnis von der Qualität des Lehrers, aber – ich darf dies wohl sagen – gibt Zeugnis auch für den Versuch des Schülers, nicht gedankenlos oder blind nachzuahmen, sondern jenen Weg zu gehen, der der eigenen Identität angepasst ist."

*Empfang durch den Schweizerischen Bundesrat im Bundeshaus,*
*Bern, 7. September 1981*

„Es wird sehr oft nach Definitionen der Bedeutung Österreichs und seiner Rolle in der Welt gesucht und es wird dabei auf dieses oder jenes Element ein jeweils größeres Gewicht

Rudolf Kirchschläger · *Ins Heute gesprochen*

gelegt. Allen Definitionen über die Aufgaben unserer Republik aber ist eines gemeinsam, nämlich die Tatsache, dass Österreich aufgrund seiner immerwährenden Neutralität ein Land der Begegnung und ein Land der Mitte für Europa und für die Welt ist."

*100. Wiener Internationale Messe, 11. September 1974*

„Die österreichische Bundesregierung [hat], wenn sie vor die Wahl gestellt war, Flüchtlinge aufzunehmen und dadurch in Kauf zu nehmen, dass sich die Beziehungen zu einem Staat verschlechtern könnten, sich immer für die Aufnahme der Flüchtlinge und nicht für die Qualität der diplomatischen Beziehungen entschieden. Diese Grundhaltung Österreichs in dieser uns gegebenen geografischen Situation ist mit eine Rechtfertigung für die österreichische Neutralität. Ja, sie ist noch mehr: Dieses humanitäre Wirken ist nach meiner festen Überzeugung sowohl zu einer Konsequenz als auch zu einem Inhalt der Neutralität geworden."

*Ehrenzeichenverleihung im Bundesministerium für Inneres,*
*19. Dezember 1980*

„Unsere immerwährende Neutralität, unsere geschichtliche Erfahrung und unsere geografische Lage verpflichten uns, Beispiel und gelegentlich auch Wegbereiter einer Zusammenarbeit zwischen West und Ost [und] ebenso zwischen Nord und Süd zu sein, einer Zusammenarbeit also, die sowohl über die ideologischen Grenzen als auch über die Grenzen des industriellen Besitzstandes hinweggeht."

*Angelobung als Bundespräsident vor der Bundesversammlung,*
*8. Juli 1974*

„Die am 26. Oktober 1955 vom österreichischen Nationalrat beschlossene immerwährende Neutralität ist im Laufe von 20 Jahren zu einer der festen Grundlagen unserer staatlichen Existenz geworden. Sie hat viel dazu beigetragen, dass die

Republik Österreich innerhalb der Staatengemeinschaft eine echte Aufgabe übernehmen konnte und zu einem anerkannten Glied der internationalen Gemeinschaft wurde."

*Neujahrsempfang für das Diplomatische Corps, 8. Jänner 1976*

„Immerwährende Neutralität heißt (ja) nicht abseits stehen und nicht die Augen verschließen wollen vor dem Geschehen dieser Welt, sondern immerwährende Neutralität heißt auch antreten gegen Ungerechtigkeit und eintreten für eine menschenwürdige Welt."

*10 Jahre UNIDO, 17. November 1976*

„Neutralität [verlangt] nur Unparteilichkeit, nicht aber Gesinnungslosigkeit."

*Staatsakt zu 25 Jahre Unterzeichnung des Österreichischen Staatsvertrages, 15. Mai 1980*

„Eines aber soll und muss ein neutraler Staat gleichzeitig tun: Er muss sich davor hüten, dass Türen fest geschlossen werden, dass die Basis für Gespräche und Begegnungen verloren geht. Denn all die Probleme, denen sich die Welt gegenwärtig gegenübersieht – und ihrer sind viele, allzu viele –, können sinnvollerweise, da ein Spruch einer Rechtsinstanz nur selten von den beteiligten Staaten angenommen wird, nur durch Verhandlungen und Gespräche einer Lösung nähergebracht werden."

*Empfang für das Diplomatische Corps, 9. Juli 1980*

„Die Republik Österreich ist an aufrichtigen freundschaftlichen Beziehungen zu allen Staaten interessiert. Wer in dieser geografischen Lage liegt, wie es die Republik Österreich tut, kann nur eine Politik der Zusammenarbeit betreiben. Die immerwährende Neutralität erleichtert es uns, diese Politik zu führen. Und Sie wissen es alle, wir verstehen darunter nicht eine Politik des sich Abwendens von den Problemen dieser

Welt, sondern eine Politik der solidarischen Mithilfe, die Probleme einer Lösung näherzubringen. Und mir scheint, dass auch eine ehrliche Darlegung der eigenen Meinung, auch dort, wo sie nicht mit der Meinung des Gesprächspartners übereinstimmt, ein nützlicherer Beitrag zum gegenseitigen Verstehen sein kann, als ein Hinwegreden über die verschiedenen Auffassungen, die sich zwangsläufig aus der verschiedenen geografischen, wirtschaftlichen, kulturellen und gesellschaftspolitischen Ausgangssituation ergeben."

*Abendessen für das Diplomatische Corps, 23. Oktober 1974*

„Österreich durfte nicht seine damals noch sehr junge Neutralität dazu benutzen, um eine Art Mitgliedschaft [bei den Vereinten Nationen] zum halben Preis zu praktizieren. Es musste von Anfang an Mut zum Bekenntnis dessen haben, was es für richtig hielt und Mut zur Ablehnung dessen, was dem Völkerfrieden und den hehren Zielen der Vereinten Nationen schädlich war. Es durfte also nicht eine Politik überwiegender Stimmenthaltung üben."

*30 Jahre Mitgliedschaft Österreichs bei den Vereinten Nationen, Festakt der Österreichischen Bundesregierung, 14. Dezember 1985*

„Ich habe heute keine Erklärung über Österreichs Außenpolitik in der Zukunft abzugeben. Aber über Österreichs Außenpolitik in der Vergangenheit will ich Ihnen bei diesem Anlass noch einmal bestätigen, dass unsere immerwährende Neutralität für uns nie Notlösung war oder uns diese Neutralität gar politisch aufgezwungen wurde. Sie war uns tatsächlich immer eine Aufgabe, die wir kraft unserer geschichtlichen Erfahrung und unserer geografischen Lage sowie in Anbetracht der politischen Spaltung Europas übernommen haben. Wir sind überzeugt, damit der übrigen Staatenwelt einen Dienst zu erweisen und gleichzeitig auch unsere Unabhängigkeit und unsere staatliche Identität zu stärken."

*Abendessen für das Diplomatische Corps, 27. Juni 1986*

„Im staatspolitischen Bereich ist die Schweiz und ist auch Österreich auf eine qualifizierte Eigenständigkeit bedacht. Für uns beide ist die Neutralität nicht Selbstzweck, sondern Mittel zur Bewahrung der Unabhängigkeit. Wir bewahren diese Unabhängigkeit auch zwischen uns."

*Laudatio für Cesar Bresgen, Akademie Amriswil (Schweiz), 7. Oktober 1979*

Rudolf Kirchschläger · *Ins Heute gesprochen*

# Europa

„Wenn wir in der Mitte Europas ein Staat sein wollen, der Ruhe ausstrahlt, der dem Frieden auf dem Kontinent dient, der Getrenntes gelegentlich zu verbinden vermag, dann müssen wir dies vorerst im Inneren des Staates praktizieren, vorbehaltlos und auch über historische oder sonstige Ressentiments hinweg. Sonst werden wir unglaubwürdig. Und unglaubwürdig sein ist eine der bösesten und gefährlichsten Nachreden für einen Menschen, aber auch für ein Volk und für einen Staat."

*Neujahrsansprache, 31. Dezember 1976*

„Wer daher in Österreich Politik und insbesonder[e] Europa-Politik betreibt, muss auch Osteuropa mit einschließen in seine europäischen Visionen und Gedanken. Mir schiene es außerdem gefährlich, Völker und Nationen, die sich kraft der Geschichte und kraft der Identität, welche sie zu verwirklichen suchen, sehr stark als Europäer fühlen, aus der europäischen Verantwortung entlassen zu wollen. Kreuzzüge haben schon – die Geschichte von Passau beweist dies ebenso wie die Geschichte Wiens – vor sieben- und achthundert Jahren nicht zur bleibenden Verbreitung des Christentums oder der eigenen Lebensform und Gedankenwelt beigetragen. Sie werden es in der Zeit grenzenlos vernichtender Atomwaffen noch weniger tun."

*31. Europäische Wochen, Passau, 10. Juni 1983*

„Wenn Sie an die Richtigkeit Ihres Gesellschafts- und Wirtschaftssystems glauben und wir unser Gesellschafts- und Wirtschaftssystem mit tiefer Überzeugung für das richtige und beste halten – und beide tun wir dies –, dann ist gerade aus diesen festen gesellschaftspolitischen Positionen heraus eine sehr weitgehende kompetitive Zusammenarbeit auf allen Ebenen des persönlichen und staatlichen Lebens möglich. Ich bin aufrichtig davon überzeugt, dass wir im Verkehr über die gesellschaftspolitischen Grenzen hinweg noch keineswegs alle jene Möglichkeiten völlig genutzt und ausgelotet haben, die uns die friedliche Koexistenz – auch in Ihrer Interpretation – ebenso wie die Schlussakte von Helsinki anbieten."

*Abendessen beim Staatsbesuch des Vorsitzenden des Staatsrates der Deutschen Demokratischen Republik, Erich Honecker, 10. November 1980*

„Europa muss für uns ein kulturelles Wertelement ebenso darstellen wie ein rein geistiges und ideologisches, dann wird auch das, was die Wirtschaft häufig unter Europa versteht, seine Aktivität in einer nicht egoistischen, sondern dem gesamten Kontinent und somit auch der Welt nutzbringenden Weise entfalten können."

*Symposion für Denkmalpflege des Europarates, 21. April 1975*

„Österreich wird alles in seiner Kraft Stehende unternehmen, um durch eine Politik der guten Nachbarschaft gegenüber Ost und West seinen Beitrag zur friedlichen Entwicklung in Europa zu leisten. Die Republik Österreich wird aber auch in allen internationalen Institutionen, in denen sie vertreten ist, insbesondere auch im Rahmen der Vereinten Nationen, immer dafür eintreten, dass Konflikte ausschließlich mit friedlichen Mitteln einer Lösung zugeführt werden. Dies gilt für alle Konfliktherde dieser Erde."

*Abendessen für Staatspräsident Henryk Jablonski (Polen), 26. April 1976*

„Nicht mit einem gleichgültigen Nihilismus oder einem moralischen Zynismus wird das österreichische Volk und werden die Völker Europas ihre Stellung in der Welt bewahren und ihre Aufgaben für die Welt erfüllen können, sondern nur in einem Erkennen der individuellen Verantwortung für das

Reifen einer bewussten gesellschaftlichen Verantwortung, für die Übertragung des eigenen Gewissens auf das Wachsen und Reifen eines gesellschaftlichen Gewissens."

*25 Jahre Evangelische Akademie in Kärnten, 22. April 1976*

„Europa als Ganzes ist auf sehr weite Sicht so wie in der Vergangenheit auch in der Zukunft nur als pluralistisches Europa denkbar. Wir werden mit diesem Pluralismus nicht nur leben müssen, sondern wir werden auch alle unsere Anstrengungen darauf zu verwenden haben, dass dieser Pluralismus erhalten bleibt. Der Pluralismus aber gestattet weder innerhalb eines Staates noch im internationalen Bereich ideologische Gleichgültigkeit.

... Überzeugen aber – und darauf kommt es in einer pluralistischen Ordnung zuvorderst an – können wir nicht durch Deklarationen und wohl auch nicht durch Erhöhung der overkill-capacities, sondern nur durch das Beispiel, mit dem wir uns als jene Europäer begreifbar machen, die im geistigen und im alltäglichen Leben jenes Europa zu verwirklichen trachten, zu dem wir uns im Statut des Europarates bekannt haben."

*31. Europäische Wochen, Passau, 10. Juni 1983*

„Wir müssen zeigen, dass wir im Rahmen unserer Gesellschaftsordnung die Wirtschaftskraft zu fördern und den Lebensstandard für alle unsere Mitbürger zu erhöhen verstehen, ohne dabei Gefangene der materiellen Güter zu werden. Wir müssen beweisen in jedem unserer Staaten, dass die Freiheit der Meinungsäußerung, dass alle demokratischen Freiheiten auch ohne Zügel- und Hemmungslosigkeit realisierbar sind. Wir müssen zeigen, dass die sozialen Bedürfnisse der einzelnen Menschen bis zu den Behinderten hin ein ehrliches Anliegen der Regierung und der Parlamente sind. Wir müssen auch den Beweis erbringen, dass die den Volkscharakter bewahrenden Forderungen der Minderheiten zu Sorgen des

Gesamtstaates werden. Und für uns muss der wertvollste Teil des Eintretens für die Menschenrechte und Grundfreiheiten der sein, dass wir sie im eigenen Land ausnahmslos verwirklichen. Wir sind es auch, die Beispiel dafür geben müssen, dass Meinungsverschiedenheiten, ja Streitigkeiten und selbst Interessengegensätze zwischen uns mit ausschließlich friedlichen Mitteln geregelt werden können."

*Parlamentarische Versammlung des Europarates, Straßburg, 25. Jänner 1978*

# Internationale Organisationen

„Glücklicherweise bildeten jene unter uns die überzeugende Mehrheit, welche sich der Bedeutung der Vereinten Nationen auch und gerade in einer Welt des Kalten Krieges bewusst waren und auch jene, welche erkannten, dass gerade ein Staat wie Österreich, der sieben Jahre von der Landkarte verschwunden war und damals auf eine weitere unbestimmte Zeit der vollen Souveränität entbehrte, eines internationalen Forums zur Identitätsfindung bedurfte. Dies aber sind die Vereinten Nationen trotz des Kalten Krieges gewesen."

*30 Jahre Mitgliedschaft Österreichs bei den Vereinten Nationen, Festakt der Österreichischen Bundesregierung, 14. Dezember 1985*

„Die Vereinten Nationen sind ein Experiment zwischenstaatlicher Demokratie, das wir voll unterstützen. Eine Demokratie funktioniert aber nur dann, wenn alle das notwendige Maß an Achtung vor dem anderen haben, die Gleichberechtigung anerkennen, und von der Idee der Kompromissbereitschaft und Aufgeschlossenheit, also vom Wunsch zur Partnerschaft, geleitet sind."

*Neujahrsempfang für das Diplomatische Corps, 8. Jänner 1976*

„Sollen wir aber deswegen, weil nicht alle Früchte reiften, ja im gegenwärtigen Menschheitsklima einfach nicht reifen konnten und können, an der Nützlichkeit und Notwendigkeit dieses die Welt umfassenden Baumes zweifeln? Sollen wir mithelfen, die Axt an die Wurzeln zu legen, von denen wir nicht wissen, wie weit sie auch unseren Lebensnerv darstellen? Sollen wir vergessen, dass es die Vereinten Nationen waren, die uns seit 1955 ermöglicht haben, in einer unvorstellbar kurzen Frist in der Welt wieder präsent zu sein und dass dieselbe Organisation es war, die mit dazu beigetragen hat, dass wir unsere immerwährende Neutralität aktiv und in

die Zukunft weisend interpretieren konnten? Sollen wir auch
übersehen den sozialen Umwandlungsprozess, der durch die
Vereinten Nationen eingeleitet und gefördert wurde, [sollen
wir] ignorieren die Umwandlung der Majorität der heutigen
Staaten dieser Erde von Objekten zu Subjekten des weltpo-
litischen Geschehens? Sollen wir vergessen den Beitrag des
Weltraumausschusses der Vereinten Nationen dazu, dass das
nicht nur technisch sondern auch politisch das künftige Weltgeschehen bestimmende Hinausgehen des Menschen in den
Weltraum friedlich erfolgte und eine Übereinstimmung für
die zu respektierenden Rechtsgrundsätze im Outerspace erzielt werden konnte?"

*30 Jahre Österreichische Liga für die Vereinten Nationen,*
*21. Jänner 1976*


„Die notwendige Besinnung an der Schwelle des neuen Jahres
gemahnt uns an unsere Verantwortung, für eine bessere und
gerechtere Welt unermüdlich zu arbeiten. Eine Verbesserung
der menschlichen Lebensbedingungen kann nicht durch
Krieg, nicht durch Terrorismus oder andere Formen der Gewalt herbeigeführt werden. Diese Methoden sind keine geeigneten Mittel, die vielen Probleme des zwischenstaatlichen
Zusammenlebens oder auch der Gestaltung des nationalen
oder sozialen Lebens zu lösen. Es ist die Charta der Vereinten
Nationen, die uns brauchbare und von allen Staaten auch formell anerkannte Leitlinien für ein friedliches, gerechtes und
fortschrittliches Miteinander offeriert. Sie im guten Glauben
zu realisieren, die großen bestimmenden Beschlüsse des Sicherheitsrates und der Generalversammlung in die Tat umzusetzen – das würde der Weg in eine bessere Zukunft sein!"

*Neujahrsemfang für das Diplomatische Corps, 12. Jänner 1977*


„Zwischen unseren beiden Ländern ist ein echtes Vertrauensverhältnis entstanden – ein Vertrauensverhältnis, das auch in
zahlreichen gleichartigen Schritten innerhalb und außerhalb

Rudolf Kirchschläger · *Ins Heute gesprochen*

der Vereinten Nationen seinen lebendigen Ausdruck findet. Wir werden uns auch stets daran erinnern, dass der Iran als Mitglied des Sicherheitsrates in einem entscheidenden Moment der österreichischen Nachkriegsgeschichte einen direkten Anteil an der Aufnahme Österreichs in die Vereinten Nationen hatte."

*Diner, gegeben von Schah Reza Pahlevi in Teheran, 30. Mai 1976*

„Österreich hat sich im Jahre 1955 und 1957 nicht um den Sitz der IAEO [Internationale Atomenergieorganisation] beworben, um in dieser Organisation ein höheres Maß an personellem oder sachlichem Einfluss zu erhalten, sondern darum, weil Regierung und Volk – zu Recht – der Überzeugung waren, dass der Republik Österreich aufgrund der immerwährenden Neutralität und gleichzeitig auch aufgrund geografischer, geschichtlicher und zwischenmenschlicher Bedingungen die Funktion zukommt, ein Land internationaler Begegnung zu sein. Jeder Staat und jedes Volk aber müssen die ihnen zukommende Funktion zu erfüllen trachten, wollen sie nicht nutzlos werden für die Gemeinschaft der Nationen. Nichts aber ist gefährlicher als ein nutzloses Dasein."

*21. Tagung der Generalkonferenz der IAEO, 26. September 1977*

# Internationales Recht

„Durch die Kodifikation internationalen Rechts soll die Sicherheit im internationalen Verkehr zunehmen. Nicht umsonst hat die Charta der Vereinten Nationen in ihrem Artikel 13 der Generalversammlung aufgetragen, die fortschreitende Entwicklung des Völkerrechts sowie seine Kodifizierung zu begünstigen. Dies ist mit ein Beitrag zur Sicherheit und friedlichen Entwicklung."

*5. Kodifikationskonferenz der Vereinten Nationen, Wien,*
*4. Februar 1975*

„Es ist kein Zufall, sondern es ist sehr wohlüberlegt, dass in ein und demselben Unterabsatz des zitierten Artikels [= Art. 13 der Charta der Vereinten Nationen] die Stärkung der internationalen Zusammenarbeit auf dem politischen Gebiet *und* die fortschreitende Entwicklung und Kodifikation des Völkerrechts zusammengefasst sind. Denn in der Tat bestehen zwischen Politik und Recht unveräußerliche Zusammenhänge, die zu verachten noch immer zu einem friedensgefährdenden Zustand, wenn nicht überhaupt zu einem Bruch des Friedens geführt hat. Die Bedeutung der Kodifikation des Völkerrechts für die Herrschaft der ,rule of law' auch im zwischenstaatlichen Bereich kann daher nicht hoch genug geschätzt werden."

*UNO-Konferenz über Staatennachfolge, Wien, 4. April 1977*

„Wir werden überall in der Welt von dem heutigen Zustand wieder zu einem Entspannungsprozess zurückfinden müssen und zu einem ehrlichen Bekenntnis der Bereitschaft zu einem friedlichen Zusammenleben der Völker und Staaten, einem Bekenntnis, das allerdings die Achtung der verbindlichen Grundsätze des Völkerrechts und der Prinzipien voraussetzt, auf denen die Organisation der Vereinten Nationen vor nunmehr 35 Jahren gegründet wurde."

*Neujahrsempfang für das Diplomatische Corps, 9. Jänner 1980*

# Ethik

„[Es] kann doch – mehrtausendjährige Geschichte beweist
dies – das Gute und Schöne ebenso wenig wie die Liebe auf
Dauer aus dem menschlichen Dasein verbannt werden, ebenso wenig wie allerdings auch das Böse und das Hässliche – die
sprachliche Ableitung von Hass ist bezeichnend – jemals aufhören wird, dagegen anzurennen."

*Max-Reinhardt-Forschungsstätte „Ein Theater, das Freude macht",
27. August 1983*

„Seien wir nicht allzu gleichgültig gegenüber dem, was wir
die inneren Werte des Lebens nennen. Die Gleichgültigkeit
gegenüber den inneren Werten macht uns nicht freier, sondern sie lässt uns nur allzu leicht in eine Gleichgültigkeit gegenüber den Mitmenschen und auch gegenüber dem Staat, in
eine Gleichgültigkeit unserer Republik gegenüber, absinken."

*Neujahrsansprache, 1. Jänner 1978*

„Der Mensch, auch wenn er es gar manchmal nicht weiß oder
sogar bestreitet, hat seinem Wesen nach nicht nur eine Auf-
nahmefähigkeit für kulturellen Einfluss, sondern auch die Fähigkeit, diese Einflüsse zu verarbeiten und in eigene Ziel- und
Wertvorstellungen umzusetzen."

*Eröffnung der Wiener Festwochen, 7. Mai 1983*

„Das geschriebene Wort allein – und selbst wenn es Offenba-
rung ist – hat nur eine sehr beschränkte Ausstrahlungskraft,
wenn es nicht gleichzeitig Menschen gibt, die diesem Wort gemäß zu leben versuchen und dies nicht nur im stillen Bereich
ihrer vier Wände. Sauerteig für sich allein ist ungenießbar, ja
sinn- und zwecklos. Er bedarf zur Sinnhaftigkeit jener Masse,
die er durchdringt, die er lebendig macht, geschmackvoll und
ansehnlich. Auch Masse für sich allein bleibt tot, hart, fast ungenießbar. Beide gehören – das biblische Gleichnis gibt Zeugnis
von der seit alters her einsehbaren Erfahrung – zusammen."

*25 Jahre Evangelische Akademie in Kärnten, 22. April 1976*

„Im Übrigen, wir müssen uns ändern; nicht deswegen, um für das Ausland besser zu scheinen, sondern um für uns besser zu sein und um der Jugend nicht den Glauben an die Zukunft zu nehmen."

*Neujahrsansprache, 1. Jänner 1986*

„Sie [= Herr Univ.-Prof. Dr. Johannes Messner] haben in einer Zeit, in der wir nahezu unablässig von den Grundrechten der Menschen gesprochen haben, den Mut gehabt, in Ihrer Persönlichkeitsethik auf die Grundpflichten des Menschen von heute und auf die Grundtugenden hinzuweisen und sie auch mit sehr klaren Worten zu erläutern.

Die Grundpflichten der Selbstbesinnung, der Selbsterkenntnis, der Selbstzucht und der Selbstlosigkeit scheinen mir tatsächlich ein unverzichtbares Korrelat zu den Grundrechten der Menschen zu sein. Und ich darf Ihnen, verehrter Herr Professor, auch versichern, dass, ... die Grundtugenden des Verantwortungsbewusstseins, der Nächstenliebe, der Demut und der Ehrfurcht weiterhin zeitgemäß sind. Sie sind auch am Wege, sich wieder stärker nach außen zu manifestieren. Es mag Sie mit innerer Befriedigung erfüllen, dass Sie für diese gute Entwicklung in unserer Zeit Ursprung waren."

*Verleihung des Augustin-Bea-Preises an*
*Univ.-Prof. Dr. Johannes Messner, 3. März 1980*

„Wir haben alle einen Nachholbedarf nach dem Überdenken und nach der Verwirklichung innerer Werte, sowohl im persönlichen Leben als auch für das Leben in der Familie, [am] Arbeitsplatz, in der Gemeinde, im Land, in unserer Republik und schließlich in Europa. Wir müssen bewusst stärker Mensch werden, damit wir bessere Mitmenschen sein können, bessere Mitmenschen für unsere Nächsten und für unsere Mitbürger und schließlich für alle Menschen."

*Neujahrsansprache, 31. Dezember 1976*

„Auch im wirtschaftlichen Leben darf die persönliche Ethik von der beruflichen nicht getrennt werden, soll nicht letzten Endes das Ergebnis eine große wirtschaftliche und daraus folgend eine große politische Zerrissenheit werden."

*Eröffnung der Wiener-Neustädter-Ausstellung, 10. August 1974*

„In unserer vielfach auf Kosten-Nutzen-Rechnung ausgerichteten Welt tendiert Ethik dazu, sich in Ökonomie aufzulösen oder zumindest vom ökonomischen Standpunkt her interpretiert zu werden. Wie selbstverständlich wir diese Tatsache schon zur Kenntnis genommen haben, zeigt der Slogan vom guten Verkaufen einer Nachricht ..."

*11. Katholischer Weltkongress der Presse, 11. Oktober 1977*

„Sie haben es sicher bereits in den Jahren Ihres Studiums gespürt, dass es wohl kaum einen absolut wertneutralen Beruf gibt, ebenso wenig, wie es auch ein wertneutrales Leben geben kann. Jeder Beruf bedarf eines inneren Engagements und auch einer ethischen Grundlage, die das Tun rechtfertigt und manchmal auch die Notwendigkeit des Unterlassens, des Nein-Sagens gebieterisch erheischt."

*Promotion sub auspiciis praesidentis, Universität Wien,*
*10. Dezember 1985*

„Wir finden die Idee der Menschenrechte in der Form der Mandate für ein menschenwürdiges Zusammenleben in den Geboten, die Moses auf dem Berg Sinai empfing, wir finden sie in der Staatskonzeption eines Plato und sie leuchten durch einige der Seligpreisungen der Bergpredigt."

*30 Jahre Allgemeine Erklärung der Menschenrechte, Schweigemarsch*
*von Amnesty International im KZ Mauthausen, 10. Dezember 1978*

# Macht

„Eine Brücke besitzen, heißt (aber) auch Macht haben, und wir sehen es an unserer eigenen Geschichte, erleben es in der Gegenwart an anderen, wie unendlich schwer es ist, Macht zu besitzen und sie auch recht, das heißt in Gerechtigkeit, anzuwenden und mit der Macht Frieden zu bewahren."

*800 Jahre Stadt Innsbruck, 27. Juni 1980*

# Verantwortung

„Mitverantwortung tragen setzt Sachwissen voraus und zwar umfassendes Sachwissen."

*25 Jahre Otto-Möbes-Volkswirtschaftsschule Graz, 16. Juni 1975*

„Selbstverantwortung, Selbstverwaltung und Selbsthilfe sind nicht nur drei Begriffe, die einen guten Klang haben, sie sind auch echte Werte, die ehrlich und umfassend angewandt und in die Tat umgesetzt, den Menschen das Leben leichter und schöner machen."

*50-Jahr-Jubiläum der Genossenschaftlichen Zentralbank AG, 23. Juni 1977*

„Wir alle tragen Verantwortung, jeder in seinem Bereich, und dürfen uns aus dieser Verantwortung nicht fortstehlen in eine Scheinwelt gepflegter Ästhetik. Aber ab und zu brauchen wir eine Weile der inneren Sammlung, um Kraft zu schöpfen, uns im stürmischen Ablauf des Geschehens auf Werte von Dauer zu besinnen."

*Eröffnung des Carinthischen Sommers, 26. Juni 1983*

Rudolf Kirchschläger · *Ins Heute gesprochen*

# Frieden

„Eine ‚Vernunft‘, die zum Krieg führt, gibt es nicht.“

*Feier des Weltfriedenstages, 18. Jänner 1977*

„Unser aller gemeinsame Arbeit gelte dem Frieden und der Gerechtigkeit.“

*Empfang für das Diplomatische Corps, 9. Juli 1974*

„Niemand von uns, der kraft der ihm zukommenden Stellung nicht nur für sich selbst, sondern auch für andere mit zu sorgen verpflichtet ist – und wer von uns wäre das nicht! – kann sich daher der Pflicht entziehen, auch dort wo Friede besteht, an seiner Bewahrung mitzuarbeiten. Das heißt, jeder von uns ist aufgerufen, seinen Beitrag zu leisten zu etwas mehr Gerechtigkeit auch in seinem Einflussbereich und auch zu etwas mehr Verständnis für den Mitmenschen. Und jeder, der die Dinge so sieht, wie sie sind und nicht so, wie er sie sehen möchte, wird feststellen müssen, dass er in seinem Bereich noch manches zu tun finde.“

*Feier des Weltfriedenstages, 20. Jänner 1976*

„Mit guten Ratschlägen schaffen wir keine Friedensgesellschaft. Der Friede, so hat schon Jaspers gesagt, beginnt im eigenen Haus. Unsere Aufgabe ist es daher, um uns herum eine friedliche Welt zu gestalten und hiezu selbst den notwendigen Beitrag zu leisten, in der Familie, am Arbeitsplatz, in der Gemeinde, im eigenen Staat. Vielleicht ist dazu eine gewisse Mutation unseres Wesens und unseres Verhaltens notwendig, aber ohne diese Änderung wird es uns nicht gelingen.“

*Internationale Tagung des österreichischen Sonnenbergkreises, 8. Oktober 1974*

„Wenn wir versuchen, immer mehr Gerechtigkeit und immer mehr Frieden auch in dem uns nahen Bereich zu begründen und zu verbreiten, dann scheint mir dies das beste Mittel zur Abwehr oder doch zur Einschränkung der vielen Krankheiten zu sein, von denen das gesellschaftliche Leben in so vielen Teilen der Welt erschüttert wird."

*Neujahrsansprache, 1. Jänner 1980*

„Nur wer selbst in der Lage ist, in der Familie, mit seinem Nachbarn, in der Schule, am Arbeitsplatz, in der Gemeinde einen Frieden zu verwirklichen, der hat auch das Recht, nach dem Frieden zu rufen, den andere halten sollen. Der Beginn jeder Friedensarbeit liegt immer bei uns selbst, und wir dürfen dabei auch nicht vergessen, dass Friede für sich allein nicht bestehen kann, sondern dass er mit Gerechtigkeit gepaart sein muss."

*Eröffnung des Bundesschulzentrums Liezen, 22. November 1979*

Rudolf Kirchschläger · *Ins Heute gesprochen*

# Gerechtigkeit

„Dass die Welt, in der wir leben, ungerecht ist – sie war auch früher ungerecht –, das wissen wir. Und dass ohne Gerechtigkeit es unmöglich ist, einen dauernden Frieden auf dieser Welt zu schaffen, das können wir uns nach den Erfahrungen der Geschichte vorstellen. Wenn wir es also ernst damit [meinen], dass wir es in unseren Generationen, die wir jetzt am Leben sind, einmal zustande bringen wollen, eine Welt zu schaffen, in der man nicht dafür bangen muss, dass die Kinder oder Enkelkinder wieder das furchtbare und schaurige Kriegserlebnis haben, dann müssen wir für den Frieden etwas tun. Und für den Frieden etwas in der Welt tun, heißt, für die Gerechtigkeit etwas tun."

*10 Jahre Ausbildungszentrum für Entwicklungshilfe, Mödling,*
*9. Oktober 1979*

„Friede und Gerechtigkeit *sind* möglich. Der Konzepte und der Ratschläge scheint es hiefür bereits genug zu geben. Was notwendig ist, ist die Entschlossenheit, mit dem Frieden und mit der Gerechtigkeit – die beiden Begriffe lassen sich voneinander nicht trennen – bei sich selbst und zwar in den Taten zu beginnen. Die Worte allein haben sich als nicht effektiv genug erwiesen, um das Entstehen neuen Unheils abzuwenden."

*35. Europäisches Forum Alpbach, 30. August 1979*

„Friede und Gerechtigkeit lassen sich nicht voneinander trennen. Zur Gerechtigkeit gehört auch die soziale Gerechtigkeit, und zwar nicht nur für einzelne Menschen oder Menschengruppen, sondern auch für ganze Nationen. Unverzichtbar ist wohl auch, dass der Friede, wenn er fest und dauerhaft sein soll, auf der Achtung der Würde und der Freiheitsrechte der Menschen aufgebaut sein muss. Nur dort, wo die Men-

*Ethik*

schenrechte respektiert werden, ist auch der Friede gesichert, und nur im Frieden finden die Menschenrechte volle Anerkennung. Ohne Frieden gibt es daher keine Menschenrechte, aber ohne Menschenrechte auch keinen Frieden."

*Neujahrsempfang für das Diplomatische Corps, 12. Jänner 1982*

　　　　Rudolf Kirchschläger · *Ins Heute gesprochen*

# Wahrheit

„Wahrheit verträgt auch Wiederholung."

*Österreichischer Städtetag, 27. April 1978*

„Worte werden nicht dadurch wahrer, dass man sie immer wiederholt, sondern sie können ihre Rechtfertigung nur durch das Nachdenken darüber finden."

*1200 Jahre Stift Mattsee, 25. Juni 1977*

„Die Wahrheit ist zur Erhaltung des Friedens ebenso notwendig wie die Gerechtigkeit und ebenso auch wie eine friedfertige Gesinnung und die Bereitschaft, die Grundrechte der Staaten und der Menschen zu respektieren."

*Neujahrsempfang für das Diplomatische Corps, 9. Jänner 1980*

„Unsere Wahrheit schleppt sich oft sehr mühselig auf Krücken dahin, weil wir sie als ein Mittel der Interessensvertretung benutzen und uns daran gewöhnt haben, Schablonen aufzubauen, kraft derer derjenige, den wir als Gegner betrachten, nie und nimmer in einzelnen Fragen auch gut und richtig handeln kann."

*Feier des Weltfriedenstages, 14. März 1980*

# Freiheit

„Es muss also eine Freiheit geben, die ohne qualitativen Verlust mit Selbstkontrolle verbindbar ist, wobei die Kontrollinstanz zwar das Gewissen ist, dieses aber in den Geboten des religiösen Bekenntnisses seine weitgehende Objektivierung findet."

*Alpbacher Buchgespräch – 15 Jahre Verlag Fritz Molden,*
*6. Juni 1980*

„Toleranz und Respekt vor dem Mitbürger, der anders denkt, anders spricht, eine andere religiöse oder politische Überzeugung hat, ist keine Schwäche, sondern diese Toleranz und der Respekt sind ein Ausdruck der inneren Freiheit."

*Fernsehansprache zum Nationalfeiertag, 26. Oktober 1976*

„Die Freiheit kann also mit der Vernunft nicht im Widerspruch stehen, sie muss vernunftgemäß gehandhabt werden. Und dieser mit Vernunft und Freiheit ausgestattete Mensch ist ein Wesen der Gemeinschaft. Es muss sich daher Freiheit und Vernunft auch in die Gemeinschaft einordnen und eingliedern."

*Gesprächs-Forum CV „Die rationierte Freiheit", 8. Mai 1983*

„Jede Freiheit hat dort ihre Grenzen, wo sie die Menschenwürde und die Rechte der Mitbürger zu verletzen beginnt."

*Neujahrsansprache, 1. Jänner 1978*

„Für mich persönlich ist der Gradmesser der Freiheit des Wortes die innere Beziehung, die diese Freiheit zur Wahrheit hat. ... Eine Aussage, die wahr ist – und würde sie noch so schockierend sein – darf nie vom Gesetz verhindert werden. Nicht derjenige, der die Aussage macht, trägt die Verantwortung, sondern derjenige, der den Sachverhalt für die Aussage gesetzt hat. Ich halte auch wenig von staatlichen Vorschriften über Geheimhaltung, aber ich halte sehr viel von der vom Verantwortungsbewusstsein getragenen persönlichen Verschwiegenheit des einzelnen Menschen."

*[ohne Anlassangabe]*

„Ich glaube, dass die Republik Österreich zu jener glücklichen Gruppe der Staaten gezählt werden darf, die mit einer minimalen gesetzlichen Beschränkung das Auslangen findet. Dass hiefür den Massenmedien ebenso wie auch den Verlagen, aber auch den politischen Parteien Verdienst und gleichzeitig Verantwortung zukommt, darf außer Streit gestellt sein. Ich glaube, dass für die Fortdauer dieses Zustandes alle eine große Verantwortung tragen, die aufgrund ihrer künstlerischen, wirtschaftlichen, politischen Berufung in der Lage sind, das Wort zu benutzen und Gedanken den Mitmenschen zu vermitteln.

*Alpbacher Buchgespräch – 15 Jahre Verlag Fritz Molden,*
*6. Juni 1980*

„Wer sich aufgrund eigenen Wissens und aufgrund eigener Bereitschaft mit Problemen auseinandersetzen und ein eigenes Urteil bilden kann, wird von den vielerlei Einflüssen, die auf ihn täglich einströmen, unabhängiger werden. Wer darüber hinaus aber auch noch aufgrund einer starken Charakterbildung, aufgrund seines Wert-Systems, das er für sich verbindlich anerkennt, also etwa aufgrund seines Glaubens, die Kraft findet, nach seiner Erkenntnis auch zu handeln, der wird zu einem Träger der Freiheit."

*Gesprächs-Forum CV „Die rationierte Freiheit", 8. Mai 1983*

*Ethik*

# Goldene Regel

„Ob sich das Gewissen der Gesellschaft aufgrund religiöser Überzeugung bildet oder aufgrund allgemein anerkannter ethischer Postulate, ja ob vielleicht überhaupt nur ganz wenige Sätze die gemeinsame Basis des gesellschaftlichen Gewissens bilden, etwa der, dass man niemand etwas [an]tun dürfe, keinem anderen Volk, keinem anderen Volksteil, keinem anderen Menschen, was man selbst nicht gerne vom anderen erleiden wollte, das scheint mir schon eine Frage der nächsten Ebene zu sein. Denn diese Frage wird ihre Antwort darin finden, wie das Gewissen der einzelnen Menschen in der Gesellschaft geformt ist, das heißt, welches die treibenden Kräfte sind, welches der Sauerteig der Gesellschaft ist."

*25 Jahre Evangelische Akademie in Kärnten, 22. April 1976*

# Zugang zum Menschsein

„Individuum zu sein bleibt, wenn es auch manchmal eine große Last ist, auch eine große Gnade. Wie viel höher ist doch der Wert des Seins, wenn es unverwechselbar, unaustauschbar ist, wenn ihm Individualität zukommt. Dies gilt für den einzelnen Menschen ebenso wie für ein Volk und einen Staat. In dieser Individualität liegt eine tiefe Quelle der Schaffenskraft und damit auch des Erfolges."

*Laudatio für Cesar Bresgen, Akademie Amriswil (Schweiz),*
*7. Oktober 1979*

„Der einzelne Mensch in seinen natürlichen Erwartungen vom Leben ist in allen Staaten gleich, und auch der ehrlich Suchende und der ehrlich Forschende wird überall von der Sehnsucht nach der Wahrheit geleitet."

*Generalversammlung der Europäischen Rektorenkonferenz,*
*7. Juni 1975*

„Gerade in der Gedenkstunde für einen großen Menschen – und Franz Jonas war ein solcher – wird uns ja bewusst, dass vieles von dem, was wir denken und tun, schon vor uns getan und gedacht wurde. Uns geziemt daher Dankbarkeit und Respekt."

*Gedenkstunde aus Anlass der 80. Wiederkehr des Geburtstages*
*von Bundespräsident Dr. h.c. Franz Jonas, 28. September 1979*

„Alles in allem, der Mensch, auch in unseren Breiten, ist noch ein geplagter Mensch, einer, der nach Sicherheit, Freiheit und Frieden Ausschau hält, und er bedarf vor allem auch spiritueller Werte. Die Vernunft allein ist zu wenig, denn wer sie allein zur Richtschnur des Handelns macht, läuft Gefahr, Kälte auszustrahlen. Und Frierende haben wir schon genug."

*40. PEN Kongress, 17. November 1975*

Rudolf Kirchschläger · *Ins Heute gesprochen*

„Das Leben verlangt unendlich viel vom Menschen. Die institutionellen Hilfen, die Welt menschlicher zu machen, haben bisher noch nicht einen umfassenden Erfolg gebracht. Der einzelne Mensch braucht daher Quellen innerer Kraft. Echte und wahre Kunst, vermittelt von Menschen, die sich dabei selbst hingeben, kann ebenso wie der Glaube ein Mittel sein, dem Leben mit Ausgeglichenheit und auch mit Orientierung zum Nächsten hin zu begegnen."

*Eröffnung der Salzburger Festspiele, 25. Juli 1976*

„Würden wir noch wie vor 800 oder 1000 Jahren die Kunst und Gabe des Schweigens besitzen und des Begreifens im Schweigen – heute, von der Hl. Messe an, da wäre der Zeitpunkt gekommen gewesen, zu betrachten, zu denken und still zu erahnen, was es heißt: Diesem nach der Ordnung des hl. Benedikt gegründeten Stift ist ein 1200-jähriger Bestand gegeben.
Aber wir sind Menschen des 20. Jahrhunderts und wir müssen reden, füreinander, miteinander, allzu oft auch gegeneinander. Wir trachten, die Dinge nur mit dem Verstand zu erfassen, weil wir meinen, wohl auch nur das wirklich ausdrücken zu können, was wir erfassen."

*1200 Jahre Benediktinerstift Kremsmünster, 5. Juni 1977*

Tod und Leben, Trauerakt und Festesfreude, vernichtende Kritik und hohes Preisen, Harmonie und Disharmonie, Neid und Mitfreude – wie eng ist doch dies alles in unserem Leben beisammen. Und manchmal stellt sich die Frage: Wie gelingt es uns Menschen, mit all dem innerlich fertigzuwerden? Oder werden wir gar nicht fertig und nehmen wir nur das Hilfsmittel der ständigen Hast, des unentwegten Zeitdruckes, um über all das, was auf uns einstürmt, auf leichter Welle hinwegzukommen?"

*Eröffnung der Salzburger Festspiele, 26. Juli 1975*

# Benachteiligte Menschen

„Dieser Gruß gilt in besonderem Maße jenen, die sich wegen ihres Alters oder wegen ihrer Jugend, wegen ihrer Sprache oder ihrer Religion oder aus einem anderen Grunde an den Rand gedrängt und einsam fühlen. Sie sind mir immer besonders nahegestanden."

*Gemeinsame Festsitzung des Nationalrates und des Bundesrates anlässlich der Verabschiedung des Bundespräsidenten, 8. Juli 1986*

„Ich will – unter Respektierung der Grenzen meiner Kompetenzen – sehr viel meiner Arbeit darauf verwenden, gerade jenen Menschen oder Gruppen von Menschen, die sich aus der Gesellschaft ausgeschlossen meinen, das Gefühl wiederzugeben, dass unsere demokratische Gesellschaft für alle ihren Platz bereithält, auch für die aus mannigfaltigen Gründen Behinderten, oder die Älteren unter uns, die einsam geworden sind, aber auch für die jungen Menschen, die in der Zeit der Weltraumstationen und der Wasserstoffbomben aufwachsen, während für manche unter uns der Direktflug über den Ozean das große technische Wunder gewesen ist."

*Angelobung als Bundespräsident vor der Bundesversammlung, 8. Juli 1974*

„Die Liebe zum ungeborenen Leben, die Achtung vor dem geborenen Leben und vor dem ungeborenen Leben sind eins. Wir können also nur dann wirklich mit Überzeugung zum ungeborenen Leben stehen, wenn wir auch mit gleicher Überzeugung zum geborenen Leben stehen, und zwar zum Leben jedes Alters bis hin zu unseren Alten und ältesten Mitbürgern."

*Lebensfest der Plattform „Geborene für Ungeborene", 12. Mai 1984*

„Worte über die Frau kennen wir aus der Vergangenheit schon viele. Auch international und national rechtlich bindende Instrumente haben wir. Was mir notzutun scheint, ist, das Tun, das Verhalten des Einzelnen und der Gesellschaft an diese Worte anzugleichen."

*Eröffnung des Internationalen Jahres der Frau, 14. Jänner 1975*

„Entfaltung der Frauenpersönlichkeit und Spiritualität der Frau sind die beiden Grundlagen dafür, dass die Flachheit überwunden, das Wesentliche des Lebens erfasst wird, dass die ,Frau in der Zeit' wirklich ihre Rolle erfüllen kann. Diese Rolle – auch dies wurde heute bereits umrissen – liegt im Wirken nach außen: Sie liegt in der Familie, in der Gemeinde und im öffentlichen Leben schlechthin. Keiner dieser Kreise darf und soll für die Frau ausgeschlossen werden, keiner darf ausgeschlossen sein! Gerade dieses Wirken der Frau führt hin zu einer gelebten Mitmenschlichkeit, zu der nicht nur die Frau, sondern auch wir Männer verpflichtet sind, aber die von den Frauen häufig noch überzeugender und vielleicht unmittelbarer zum Ausdruck gebracht werden kann, als wir Männer dies vermögen."

*30 Jahre Katholische Frauenbewegung Österreichs, 23. Juni 1978*

# Mit-Menschen

„(Es ist) kein mystischer Feuerkult und keine Anrufung des Zeus, wenn wir uns hier zur Begrüßung des Olympischen Feuers versammelt haben, sondern eine Besinnung darauf, dass Olympische Spiele nur dann sinnvoll sind, wenn sie auch der Verständigung zwischen den Menschen und Völkern und damit dem Frieden dienen, wenn sie uns gemahnen, dass die Menschen ein Recht darauf haben, miteinander zu leben und nicht gegeneinander zu sterben."

*Begrüßung des Olympischen Feuers in Wien, 30. Jänner 1976*

„Nur, wenn wir zu einer echten Mitmenschlichkeit innerhalb der Staaten und über die Staaten hinaus finden, werden wir mit einer gewissen Zuversicht der Jahrtausendwende entgegengehen können."

*Österreichischer Anwaltstag 1975, 26. Mai 1975*

„Arbeiten wir also mit an der Bewusstseinsänderung in uns selbst und in unseren Mitmenschen. Die Menschenpflichten jedes Einzelnen, nicht nur des Staates, müssen wir zum Bewusstsein bringen, dann werden auf weitere Sicht auch Staaten und Staatenpraktiken und auch politische Systeme geändert werden. Denn diese alle haben kein eigenes Leben, sie leben von den Menschen und werden von diesen gestaltet. Lasset uns die Menschenrechte achten, dadurch, dass wir unsere Pflichten als Mitmenschen erfüllen."

*30 Jahre Allgemeine Erklärung der Menschenrechte, Schweigemarsch von Amnesty International im KZ Mauthausen, 10. Dezember 1978*

„Hinter jedem Akt, hinter jedem Papier steht ein Mensch, ja noch mehr: ein Mitmensch."

*50 Jahre Österreichische Rechtspfleger, 2. Juni 1977*

„Ich weiß, dass bei diesem oder jenem politischen Mandatar gelegentlich eine Art Überraschung besteht, dass ein Bundespräsident sich auch mit Fällen befasst, die längst als Querulanten abgetan sind. Ich werde aber doch diese Praxis fortsetzen, glaube ich doch zu wissen, dass Querulanten kaum als solche geboren werden, sondern sehr häufig erst durch ein vermeintliches oder ein wirkliches Unrecht in diese Kategorisierung gedrängt wurden."

*Angelobung als Bundespräsident vor der Bundesversammlung,*
*8. Juli 1980*

„Dieses Stege-Schlagen über Abgründe, über Engherzigkeit, über Übelwollen über Verkennen der Notwendigkeiten, dies ist es ja, was wir brauchen, in der Wirtschaft ebenso wie in unserer gesamten Politik, in unserer gesamten Existenz."

*Wiener Internationale Frühjahrsmesse, 20. März 1983*

„Ich bitte Sie, sich Zeit zu nehmen für die Menschen, für die Mitbürger, die zu Ihnen kommen. ... Glauben Sie mir, die Belastung, die Sie in Erfüllung Ihres Amtes empfinden, ist in der Regel kleiner als jene Belastung, die der Mensch in sich fühlt und in sich trägt, der zu Ihnen kommt und Ihren Rat und Ihre Hilfe oder vielleicht nur Ihr Gehör braucht; wobei das Wort ‚nur' nicht richtig am Platze ist, denn Zuhören zu können ist eine große Gabe und eine große Hilfe, die man seinen Mitmenschen angedeihen lässt. Ich bitte Sie also, nehmen Sie sich Zeit für jene, die man mit diesem kalten Wort ‚Parteien' abspeist, die aber in Wirklichkeit Mitbürger sind so wie Sie, so wie ich, so wie wir alle."

*50 Jahre Österreichische Rechtspfleger, 2. Juni 1977*

„Betrachten Sie aber auch den Ihrer Obhut anvertrauten Mitbürger, der seine Wehrpflicht erfüllt, als einen Ihnen im Grunde gleichgestellten österreichischen Staatsbürger, dessen Würde als Persönlichkeit auch im Rahmen der Befehlsgewalt unumstritten bleiben muss. Und verlangen Sie nie mehr von ihm, als Sie selbst in jener Zeit, in der Sie mit der Erfüllung Ihrer Wehrpflicht begannen, zu leisten in der Lage waren und auch jetzt leisten. Autorität ist nicht eine Frage der Uniform, sondern der Persönlichkeit. Arbeiten Sie an Ihrer eigenen Persönlichkeit mit der Ihrer Jugend eigenen Energie, damit Sie dank Ihres Vorbildes, dank Ihrer Leistung, dank Ihres Könnens und dank Ihrer Menschlichkeit auch in den Worten und Befehlen die notwendige Überzeugungskraft haben, die das Gehorchen noch zu jeder Zeit leicht gemacht hat."

*Ausmusterung an der Theresianischen Militärakademie,*
*25. September 1977*

„Von unserer Mitmenschlichkeit dürfen wir auch unsere engere Gemeinschaft nicht ausschließen. Wollen wir uns daher prüfen, wie viel wir Zeit finden für unsere Familie, wie viel Sie Zeit finden für Ihre unmittelbaren Brüder und Schwestern in Ihren klösterlichen Gemeinschaften."

*Österreichischer Ordenstag, 9. November 1977*

„Bleiben wir gleichzeitig auch empfindlich bis zur Schmerzhaftigkeit gegen jedes Unrecht am Mitmenschen und bleiben wir gleichzeitig erfinderisch, zäh und hart bis zur Leidenschaft in der Abwehr eines solchen Unrechtes."

*30 Jahre Allgemeine Erklärung der Menschenrechte, Schweigemarsch von Amnesty International im KZ Mauthausen, 10. Dezember 1978*

„Lassen Sie mich an dessen Stelle ein sehr persönliches Wort sagen, und damit öffentlich meinen großen Respekt, meine tiefe Verehrung und meine Dankesschuld einem geistlichen Vater bezeugen, der hier aus diesem Kremser Piaristenkolleg hervorgegangen ist, an der Aufbauschule und am Gymnasium in Horn viele Jahre gewirkt hat und schließlich zum Ende seines Lebens wieder hierher nach Krems zurückkehrte. Es war Pater Dr. Rapp, der ein wahrhaft bewundernswertes Ausmaß an Verständnis für die Sorgen und Anliegen der auch damals schon manchmal zornigen und trotzigen Jugend aufwies, so als habe er all die vielen gelehrten Bücher, die seither über diese Problematik geschrieben wurden, schon lange in sich aufgenommen, ja nicht nur das, er hat sie auch in die Tat umgesetzt. Er verstand es, uns so erwachsen zu behandeln, als wir glaubten, dass wir es wären. Er war wohltätig, ohne dass wir es wussten. Er versuchte, gerecht zu sein und hörte, wenn seine Magenschmerzen kamen, lieber zu prüfen auf, als das Prüfungsergebnis durch sein Leiden zu beeinflussen. Und er gab uns vor allem viel Vertrauensvorschuss, den zu missbrauchen uns letzten Endes doch schwerer fiel, als es uns gefallen wäre, ein andernorts vielfach leicht ausgedrücktes Verbot zu übertreten. Er war ein tiefgläubiger, außergewöhnlicher Mensch, ein wirklicher Vater."

*200 Jahre Piaristen in Krems, 23. Oktober 1976*

„Keiner von uns, der zu dieser Zeit schon bewusst gelebt hat, kann von sich sagen, dass er vollständig frei von Schuld sei, selbst wenn diese nur im Nichtwissen um die Schaurigkeit und Unmenschlichkeit des Geschehens bestand."

*Gedenkfeier zur 30. Wiederkehr der Befreiung des KZ Mauthausen, 4. Mai 1975*

„Sicher ist es heute für uns zusätzlich bedrückend, dass wir alle, oder doch sehr viele von uns, vier Jahrzehnte über dieses Zigeuneranhaltelager in Lackenbach und über all das, was hier geschehen ist, hinweggeschaut haben, weil die Gepeinigten, weil die Gemarterten anders waren, als wir zu sein meinen."

*Enthüllung des Mahnmals für Roma in Lackenbach, 6. Oktober 1984*

# Weltverständnis

„Die Welt in ihrem Istzustand zu erfassen, ist ein unendlich schwieriges Unterfangen. Es gibt kraft des Reichtums der menschlichen Seele, kraft der Willensfreiheit, die trotz aller äußeren Beeinflussungen unauslöschbar bleibt, kraft des Offenlegens bisher geheim gebliebener Naturgesetze so viel Unwägbares, Unzählbares, nicht Computerfähiges auf dieser Welt, dass es wohl eine zu stolze Aussage wäre, würde jemand den Satz wagen: Ich kenne diese Welt."

*Tagung des Club of Rome, Salzburg, 6. Juni 1979*

„Es gibt gar manche, die überhaupt meinen, nur ein Unehrlicher oder ein Unwissender könne in der heutigen Welt von Harmonie reden und in ihr ein Ziel sehen. Auch ich sehe das unendlich große Waffenarsenal, das in Zentraleuropa gelagert ist, und auch ich weiß um die Atombomben, die darin liegen. Auch mir ist die explosive Situation im südlichen Afrika, das Fortdauern der Spannungen im Nahen Osten und das Elend vieler einzelner Menschen bekannt. Aber sollen wir deswegen das Streben nach einer Harmonie des Lebens, des persönlichen, des innerstaatlichen, des internationalen aufgeben? Sollen wir alles, was uns weltweit, aber auch im eigenen Land bedrängt, als gegeben und unveränderbar hinnehmen? Wozu wären wir dann Menschen mit den Gaben, die uns gegeben wurden! Wir sind dabei, so scheint es mir, auf ein Menschenrecht zu vergessen und freiwillig zu verzichten, nämlich auf das Recht auf Hoffnung. Ich meine damit auf eine aktive Hoffnung, die selbst etwas tut, nicht eine solche, die die Hände in den Schoß legt und nur die anderen tun lässt."

*Eröffnung des Carinthischen Sommers, 30. Juni 1977*

„So wie in der Friedenspolitik im Allgemeinen kann man auch in der Politik der Entwicklungshilfe sich nach Strategien umsehen, sie weltweit entwickeln und sie bis ins Detail umschreiben. ... Ich glaube, die meisten von uns brauchen gar nicht eine neue Motivierung. Die einen finden diese Motivierung in einem wörtlich verstandenen Christentum, die anderen finden sie in einer internationalen Solidarität, erwachsen aus dem Internationalismus des Sozialismus, andere finden die Motivierung aus ihrer ethischen Wertvorstellung des Menschen."

*10 Jahre Ausbildungszentrum für Entwicklungshilfe, Mödling, 9. Oktober 1979*

„Durch Jahrzehnte, nein, durch Jahrhunderte haben wir Europäer den Mitmenschen in Afrika und Asien wahrhaftig kein gutes Beispiel gegeben. Seien wir daher vorsichtig im Anlegen heutiger europäischer Maßstäbe an die Gegebenheiten in manchen Ländern dieser Kontinente. Seien wir zurückhaltend mit unserem Urteil. Wir haben Grund für diese Zurückhaltung."

*30 Jahre Afro-Asiatisches Institut, 11. Oktober 1979*

„Was die Menschheit braucht, ist nicht eine Zusammenarbeit einer Stunde, sondern eine Zusammenarbeit, die auf weite Sicht ausgerichtet ist. In einer Zusammenarbeit für kurze Perioden mag gelegentlich noch die Kunst des Verhandelns zu temporären Erfolgen führen. Eine auf weite Zeiträume hinaus zu verwirklichende Zusammenarbeit kann aber nur gedeihen, wenn ein absolutes Wissen um die sachlichen Gegebenheiten und deren geistigen und politischen Hintergrund besteht."

*Neue Initiativen Ost-West,12. November 1974*

„Olympische Spiele sind ein Fest des Friedens und Verstehens. Vor mehr als 2500 Jahren schwiegen im durch Kriege erschütterten Hellas die Waffen, während das olympische Feuer brannte. Auch heute und in aller Zukunft sollen die Olympischen Spiele die Kunde hinaustragen in die Welt, dass sich die Jugend einig weiß in dem Entschluss, einander zu verstehen, statt zu hassen, zu bauen, statt zu zerstören, füreinander und miteinander zu leben, statt gegeneinander zu sterben."

*Angelobung der österreichischen Teilnehmer an den XII. Olympischen Winterspielen, 29. Jänner 1976*

„Diese Ausstellung ist für uns, die wir das Glück haben sie zu sehen, erneut ein Anlass, uns dessen bewusst zu sein, dass kulturelle Höchstleistungen nicht auf Europa beschränkt waren, sondern dass der Bewunderung werte Hochkulturen am südamerikanischen Kontinent ebenso zu Hause waren, wie sie es auch im Fernen Osten gewesen sind. Dies erkennend mag es uns leichter sein, die große Einheit der Welt zu erfassen und die Demut bei der Präsentation des Eigenen nicht zu verlieren."

*Ausstellung „Gold aus Peru" im Museum für Völkerkunde, Wien,*
*21. Jänner 1976*

„[Wir leben] in einer großen Welt, in der die Frage an Kain nach dem Bruder Abel uns in den Ohren tönen muss, denn es gibt heute nicht nur ungezählte erschlagene, sondern auch ungezählte verhungerte Bruder Abel. Es ist aber nicht nur Altruismus oder großzügige Solidarität, die uns diese Frage vernehmen lassen, sondern es ist auch Egoismus dabei, denn die Konsequenzen des Weltgeschehens für den eigenen Bereich wirken rasch und sind groß."

*Feier des Weltfriedenstages, 20. Jänner 1976*

„Meine besondere Hoffnung für einen neuen Aufbruch in den Bemühungen um den Frieden setze ich in die Jugend, bei der sich vielleicht in größerem Maße jenes ‚neue Herz‘ findet, aus dem der Friede entspringen kann. Ihr Einsatz und ihr Idealismus wird die Welt vielleicht schöner und gerechter machen, so wie auch wir sie schöner und gerechter machen wollten. ‚Denn Hoffnungslosigkeit darf es nicht geben, wenn Menschen mit Menschen leben‘, sagte einst Carl Jaspers."

*Neujahrsempfang für das Diplomatische Corps, 10. Jänner 1984*

# Religions-
# gemeinschaften

„Gerade wenn wir feststellen, was im Laufe der Jahrhunderte von der Religion in die gesellschaftliche und staatliche Ordnung rezipiert wurde, erkennen wir, dass in Wirklichkeit unsere Gesellschaft, die manchmal im Gegensatz zur Religion zu sein scheint, doch in einem sehr starken Maß auf der Religion ruht. Es ist dies eine Erscheinung, die uns im Islam als im Blick auf eine andere Religion und auf eine andere Gesellschaft wesentlich stärker entgegentritt – offenbar, weil wir von außen darauf schauen –, als sie uns vom Christentum her kraft der Länge der Entwicklung bewusst wird."

*Vortrag: „Was hat unsere Gesellschaft noch mit Religion zu tun?",*
*9. Mai 1983*

Rudolf Kirchschläger · *Ins Heute gesprochen*

# Religionsgemeinschaften und Gesellschaft

„Es ist für mich sehr beeindruckend, dass Sie sich über Jahrtausende hinweg die Bezeichnung ‚Gemeinde' für die Gemeinschaft all derer, die sich in einer Stadt zum Judentum bekennen, erhalten haben. Dieser Begriff der Gemeinde schließt in seiner alten Bedeutung wohl sehr viel ein, und zwar nicht das gemeinsame Beten allein, sondern auch das Gemeinschaftsbewusstsein im täglichen Leben, mit all seinen gesellschaftlichen, kulturellen, wirtschaftlichen und zwischenmenschlichen Aspekten."

*Eröffnung des Jüdischen Gemeindezentrums zu Wien,*
*8. Oktober 1980*

„Auch zwischen Kirche und Staat wird die Interdependenz größer. Jede Krisensituation der Kirche hat daher unvermeidlicherweise auch ihre Konsequenzen auf den Staat und dasselbe gilt wohl auch in der entgegengesetzten Richtung. Staat und Kirche müssen daher beide auch an einer guten Entwicklung des jeweils anderen interessiert sein."

*Erhebung der Philosophisch-Theologischen Hochschule Linz*
*zu einer Theologischen Fakultät kraft kanonischen Rechts,*
*15. November 1979*

„Kirche und Staat können einander sehr viel geben, ohne dabei voneinander in Abhängigkeit zu geraten. Gerade das gemeinsame Daseinsziel, dem Menschen zu dienen, ist hiefür eine tragfähige Brücke, die für den Einzelnen ein reiches Anbot von Werten bereithält."

*Begegnung mit Papst Johannes Paul II. in der Wiener Hofburg,*
*11. September 1983*

„Das große Vatikanische Konzil unserer Tage hat es wieder klargestellt: Die katholische Kirche ist in der Erfüllung ihrer Aufgabe an kein gesellschaftspolitisches System und daher auch an keinen Staat gebunden. Sie wirkt ihrer Sendung gemäß mittelbar auf und für die Menschen."

*Steirischer Katholikentag „Fest der Brüderlichkeit", 26. Juni 1981*

„Nicht gegenseitige Gleichgültigkeit und schon gar nicht gegenseitige Ablehnung oder ein Versuch, über den jeweils anderen zu herrschen, bringt dem Staate oder der Kirche Glück, sondern nur ein konstruktives partnerschaftliches Miteinander, das ein reiches Angebot von Werten für den einzelnen Mitbürger und darüber hinaus für den Mitmenschen schlechthin bereithält."

*1200 Jahre Benediktinerstift Kremsmünster, 5. Juni 1977*

„Es liegt im Interesse des Staates und einer funktionierenden Demokratie, dass sich Mehrheiten nicht in die Rolle schweigender Minderheiten drängen lassen, sondern dass vor allem auch Religionsgemeinschaften die Möglichkeit haben, den einzelnen Menschen dazu anzuregen, frei nach der Wahrheit zu suchen und Postulaten sittlicher Ordnung zu folgen."

*Eröffnung des Niederösterreichischen Pressehauses, 12. März 1976*

„Das Evangelium ist auch nicht an eine Staatsform gebunden. Ich bin aber zuversichtlich, dass auch von der Kirche die Überzeugung geteilt wird, dass die Demokratie als Staats- und vor allem als Lebensform die besten Voraussetzungen dafür zu bieten vermag, dass das Evangelium in Freiheit und Würde verkündet werde."

*Erhebung der Philosophisch-Theologischen Hochschule Linz zu einer Theologischen Fakultät kraft kanonischen Rechts, 15. November 1979*

Rudolf Kirchschläger · *Ins Heute gesprochen*

„Der Staat kann und will auf die Frage nach dem letzten Sinn des menschlichen Lebens heute keine Antwort mehr geben; die Kirche kann es. Ihr bleibt es unbenommen, ja aufgetragen, mit dem einzelnen Menschen, wie mit ganzen Gruppen der Gesellschaft auch über letzte Seinsfragen des Lebens zu diskutieren, sie aufzuhellen und zu versuchen, Antworten zu geben. Je intensiver die Kirche solches tut, je überzeugender ihre Argumente und Antworten sind und je gegenwärtiger überall ihre Hilfsbereitschaft ist, umso mehr wird sie auch dem Allgemeinwohl dienende schöpferische Kräfte in der modernen Gesellschaft wecken und diese stärken."

*Eröffnung des Niederösterreichischen Pressehauses, 12. März 1976*

„Wenn der Staat und die Kirche ihrem Ziele, dem Menschen zu dienen, treu bleiben, dann scheint sich mir das Toleranzgebot der Demokratie und das Liebesgebot der Kirche sehr sinnvoll zu ergänzen."

*200 Jahre Diözese St. Pölten, 16. Mai 1985*

„Nicht wechselseitige Gleichgültigkeit, nicht wechselseitige Ablehnung und auch nicht der Versuch des einen, über den anderen zu herrschen, bringen dem Staat oder bringen der Kirche Glück, sondern nur ein partnerschaftliches Miteinander, das sowohl dem Staat als auch der Kirche ihren Daseinszweck erfüllen lässt, einen Daseinszweck, der ausgerichtet ist auf das Glück und auf das Wohl der Menschen in unserem Lande."

*900 Jahre Ravelsbach, 28. August 1983*

„Es [= das staatliche Interesse am Jubiläum des Toleranzpatentes] liegt (zum einen) in der aus der Geschichte zu ziehenden Lehre für den Staat, dass die Glaubens- und Gewissensfreiheit verbunden mit der Freiheit der Meinungsäußerung zu jenen Qualitäten des Lebens zählt, für die vorzusorgen zu jenen Gründen gehört, welche die Existenz eines staatlichen Gemeinwesens rechtfertigen. In der Gott-Mensch-Beziehung muss der Staat die Grenzen seiner Macht zur Kenntnis nehmen. Im gleichen Maß müssen aber auch die Menschen den Umfang ihrer persönlichen Verantwortung kennen. Freiheit ohne Verantwortung gibt es nicht."

*Festsynode der Evangelischen Kirche Österreichs aus Anlass des 200. Jahrestages des Toleranzpatentes, 12. Oktober 1981*

„Keiner, weder Kirche noch Staat, kann auf den Dienst des anderen für den Menschen verzichten."

*100 Jahre Zeitschrift für Katholische Theologie, 7. April 1978*

„Ich bin zuversichtlich, dass gerade durch die Besinnung auf Martin Luther und durch eine von Zerrbildern befreite Darstellung seiner Gedanken und seines Wollens manche Fäden und Bindungen, die über konfessionelle Grenzen hinweg in den letzten Jahren sorgfältig geknüpft wurden, an Stärke und Bestand gewinnen. Ich hoffe aber auch, dass manche Lebensregeln, die Martin Luther in einer gelegentlich sehr kraftvollen Sprache verkündet hat – auch wieder über konfessionelle Grenzen hinweg – von allen jenen berücksichtigt werden, denen es um ein rechtschaffenes Leben zu tun ist."

*Festabend der Evangelischen Kirche AB Wien zur 500. Wiederkehr des Geburtstages von Martin Luther, 11. November 1983*

„Wir sind, glaube ich, alle dankbar dafür, dass wir in einer Demokratie leben, in einer Demokratie mit freier Meinungsäußerung. Aber wir müssen uns auch bewusst sein, dass damit das Christentum jeden Tag neu auf dem Prüfstand steht – nicht die Lehre des Christentums, sondern die Praxis."

*Vereinigung der Frauenorden Österreichs, Vöcklabruck, 5. März 1986*

„Die Arbeit einer Theologischen Hochschule ist (daher) nicht nur auf das Erfassen des Glaubens, nicht nur auf das Göttliche ausgerichtet, sondern sie soll auch Antwort geben können auf die Fragen, die die Menschen im Alltag an die Kirche stellen und auch auf jene, die sie in großen und weiten Perspektiven stellen werden."

*Besuch in der Philosophisch-Theologischen Hochschule Heiligenkreuz, 24. Mai 1984*

„Da Gott mit Wundern sparsam ist, wird es daher wohl an uns liegen, in unserem eigenen Tun überall – und sicher nicht nur in Klöstern – etwas von dem Geist und der Lebensregel des Schutzpatrons Europas anzunehmen und damit jene Zivilisation, von der das Statut des Europarates sagt, dass es das gemeinsame Erbe aller seiner Mitgliedstaaten sei, wieder zu stärken."

*1500-Jahr-Feier der Geburt des hl. Benedikt, Mariazell, 17. Mai 1980*

„Lesen Sie (doch) einmal Grillparzer als den österreichischen Klassiker nach und schauen Sie, welche Rolle er in seinen Stücken den Priestern, den Bischöfen, den Kardinälen zuteilt, dann werden Sie vielleicht etwas erahnen über die Zeit des vergangenen Jahrhunderts."

*150 Jahre Bischöfliches Seminar Graz, 9. November 1980*

„Danach, wie es hier gelingt, die großen Ziele der Wissensvermittlung, der Charakterbildung und der religiösen Erziehung miteinander zu verbinden, danach wird die Zahl derer mitgemessen sein, die in der Lage sind, die große weltweite Auseinandersetzung zu bestehen. Das Christentum war und ist eine der haupttragenden Säulen in dieser Auseinandersetzung. Darum ist es nicht meine persönliche Sorge allein, es ist die gerechtfertigte Sorge eines Bundespräsidenten einer Republik, die im Herzen Europas und einmal auch im Herzen der Auseinandersetzung liegen wird, wie es in der Jugenderziehung, wie es in der Jugendbildung – Bildung im wahrsten Sinne des Wortes – aussieht."

*Besuch des Gymnasiums und Seminars der Erzdiözese Wien in Sachsenbrunn, 20. Februar 1978*

„Die Pflege des Erfolgskultes mit der Unterbewertung des persönlichen Seins, die vielfach zu beobachtende, fast ausschließliche Konsumorientierung der Menschen und die sehr stark auch unter den Angehörigen der Religionsgemeinschaften sich ausbreitende Forderung nach sexueller Freiheit und schließlich ein Blick in die Tagesnachrichten – sie geben kein offenbares Zeugnis für einen bestimmenden Einfluss eines religiösen Bekenntnisses auf die Gesellschaft."

*Vortrag: „Was hat unsere Gesellschaft noch mit Religion zu tun?",
9. Mai 1983*

„Das Recht der Kirchen, auch politische Entscheidungen ‚einer sittlichen Beurteilung zu unterstellen, wenn die Grundrechte der menschlichen Person oder das Heil der Seelen es verlange' [Pastoralkonstitution Gaudium et spes, Art. 76] war zwar gewahrt. Doch wenn der Staat als die Organisationsform der Gesellschaft sich nicht an diese sittliche Beurteilung hält, erfolgt die politische Reaktion der Menschen nicht in einem Maße, die sich aus dem Prozentsatz der Kirchenzugehörigkeit erwarten ließe."

*[Bezugsrahmen: Beschluss der sogenannten Fristenlösung (1973), Volksbegehren der „Aktion Leben" (1975), Nationalratswahl 1979].
Vortrag: „Was hat unsere Gesellschaft noch mit Religion zu tun?",
9. Mai 1983*

„Möge die Wiederherstellung des Gebäudes Ihrer Synagoge und möge auch die mit Respekt und Liebe zusammengestellte Ausstellung Ihnen dokumentieren, dass wir den ehrlichen Versuch unternehmen, das durch die Verfolgung erzeugte Gefühl des Alleinstehens und des Ausgestoßenseins dadurch

Rudolf Kirchschläger · *Ins Heute gesprochen*

zu überwinden, dass wir nicht aufdringlich, aber aufrichtig Ihnen die Hand und gelegentlich auch beide Hände zum gemeinsamen Weg für eine gemeinsame Zukunft entgegenhalten wollen."

*Abschluss der Renovierungsarbeiten an der ehemaligen Synagoge St. Pölten und Eröffnung der Ausstellung „Kult und Kultur des österreichischen Judentums", 1. Juni 1984*

„Sie haben mit der Gründung von B'nai B'rith sich nicht nur zur Brüderlichkeit und Eintracht bekannt oder zur Bereitschaft, Wohltätigkeit zu üben. Sie haben auch aus der Kraft des Glaubens heraus und der großen Tradition begonnen, Vorurteile in der Welt abbauen zu helfen. Sie haben aber auch damit Ihr Selbstbewusstsein neu begründet und gefasst und es auf diese Weise uns erleichtert, Ihnen unbefangen gegenüberzutreten, und, zumindest äußerlich mit weniger Kollektivschuld beladen, gemeinsam mit Ihnen an einer besseren Zukunft zu bauen."

*25 Jahre B'nai B'rith, Wien, 16. Juni 1985*

„Die(se) politischen Assoziationen verdecken den Blick auf den religiösen Kern und das Wesensmäßige des Islam in einem so starkem Maße, dass hier Korrektur und Abhilfe nottun. Das Islamische Zentrum Wien wird diese Abhilfe schaffen."

*Inauguration des Islamischen Zentrums in Wien, 20. November 1979*

„Österreich ist durch Ihren Besuch in der Tat reicher an Bereitschaft zur Mitmenschlichkeit und zum Miteinander geworden, aufgeschlossener auch für die Not dieser Zeit und offener für die bleibenden Werte des Lebens. Dies liegt nicht nur im Interesse der Kirche, es liegt auch im Interesse des Staates, der ein wirkliches Gemeinwesen zu sein versucht."

*Verabschiedung von Papst Johannes Paul II. auf dem Flughafen Wien-Schwechat, 13. September 1983*

# Religion und persönlicher Glaube

„Wer die Kraft und die Gnade hat, an Gott als den Schöpfer zu glauben, der muss, so scheint mir, aus dem Wesen Gottes heraus auch an die Möglichkeit des Friedens glauben können. Und auch derjenige, der die Welt als eine Summe sich vollziehender chemischer und physikalischer Naturgesetzlichkeiten sieht, muss, wenn er bereit ist, eine Sinnhaftigkeit der Naturgesetze anzuerkennen, den Frieden für möglich halten."

*Feier des Weltfriedenstages, 18. Jänner 1977*

„Natürlich bleibt die alles überragende Aufgabe der Katholischen Schule das Ziel, katholische Laien heranzubilden, Frauen und Männer, die mit ihrem Christentum etwas anzufangen wissen und auch den Mut und die Kraft aufbringen, dieses zu leben. Wenn Ihnen die Erfüllung dieser Aufgabe gelingt, dann können wir, so hoffe ich, in der nächsten und übernächsten Generation ein wenig jene bösen sozialen Krankheiten zurückdrängen, unter denen wir jetzt als Volk, aber auch als Staat leiden."

*Kongress der Katholischen Schulen, Salzburg, 6. April 1986*

„Gott ist ein Gott aller Zeiten. Er ist für die Steinzeitmenschen ebenso Gott gewesen, wie er auch für das nächste Jahrtausend Gott sein wird. Und die Kirche ist eine Kirche für alle Zeiten. Sie ist eine Kirche, nicht gebunden an eine Staatsform, nicht gebunden an eine Gesellschaftsform, nicht gebunden an politische Gruppierungen, sondern sie ist eine Kirche, die in jeder Zeit und unter allen auch nur denkbaren äußeren Umständen ihre Bewährung finden und ihre Aufgabe erfüllen muss. Dies wird für jede und daher auch für unsere Generation eine große Herausforderung bedeuten."

*150 Jahre Bischöfliches Seminar Graz, 9. November 1980*

„Ich persönlich war glücklich, über dem Programm über diese Inauguration die Worte zu lesen, die Sie in Ihrer Glaubensausübung so oft gebrauchen, die Worte: ‚Im Namen Gottes des Barmherzigen, des Gnädigen.‘ Dieselben Worte finden wir auch wörtlich oder inhaltlich in vielen christlichen Gebeten. Uns vereint also der Glaube an einen Gott, der barmherzig und gnädig ist. Damit vereint uns aber auch die Pflicht, gegenüber unseren Mitmenschen barmherzig und gnädig zu sein, eine Pflicht, die wir alle – vielleicht zu wechselnden Zeiten – zu wenig beachtet haben und zu wenig erfüllen."

*Inauguration des Islamischen Zentrums in Wien, 20. November 1979*

„Vielleicht war es gerade die starke Gewichtung des Gebetes, welche die Regula Ihnen auftrug, dass sich Ihre Klöster und Ihre Ordensgemeinschaften vom hl. Benedikt angefangen bis heute mehr als alle anderen von extremen Schwankungen und Experimenten freihalten konnten und dadurch auch dem gläubigen Volk jene Sicherheit im Glauben geben durften, die so notwendig ist."

*1500-Jahr-Feier der Geburt des hl. Benedikt, Mariazell, 17. Mai 1980*

„Mir scheint, dass Gott sich zu allen Zeiten dasselbe Maß an Dienst Gottes, an Gottes-Dienst erwartet. Ich sehe keinen Grund, aus dem wir schließen könnten, dass wir heute mit weniger Dienst, mit weniger Opfer das Auslangen finden könnten. Das gilt für die Ordensfrau, den Ordensmann, das gilt für den Priester, das gilt für uns Laien."

*Österreichischer Ordenstag, 9. November 1977*

„Vielleicht war seine [Josephs II.] Frömmigkeit etwas über seine Zeit hinaus, vielleicht hatte er in sich Züge eines Teilhard de Chardin, vielleicht hatte er auch Züge des Zweiten Vatikanums an sich."

*Ausstellung „Österreich zur Zeit Kaiser Josephs II.", Stift Melk, 28. März 1980*

„Seien wir uns ehrlich: Für jeden von uns ist zu verschiedenen Zeiten unseres Lebens Christus auch als ein anderer erschienen: Christus als Erlöser, der sich selbst entäußert und Knechtsgestalt angenommen hat; Christus, der Arzt für Leib und Seele, auf dass die Menschen gerettet werden; Christus, der ewige Richter, ausgestattet mit Gerechtigkeit und mit Barmherzigkeit zugleich; Christus als Friedensfürst, als Fürst der Liebe, der die Liebe auch zum Mitmenschen zum göttlichen Gebot erhob; Christus als Haupt der Kirche und als Herold einer Gottesherrschaft; Christus als der gute Hirt, der Versöhner, der Sündenlose; Christus als das Licht der Welt oder als der Herr und der Gottessohn, und Christus vor allem als der geschundene Mensch, der Mensch, von dem es in der Bibel heißt, dass er uns Menschen in allem gleich war außer der Sünde.

Mannigfaltig ist also dieses Christusbild in unserem Leben!"

*Ausstellung „Das Christusbild im 20. Jahrhundert", Linz, 12. März 1981*

„Ich habe mit der Gnade des Glaubens, die mir gegeben ist, nie Politik gemacht und ich war zutiefst beglückt darüber, dass ich für die natürliche Ausübung meiner religiösen Überzeugung bei meinen Mitbürgern, die einem religiösen Bekenntnis fernestehen oder sich einem anderen religiösen Bekenntnis verbunden fühlen, so viel Toleranz und Verständnis gefunden habe. Diese meine Mitbürger werden es wohl auch jetzt verstehen, dass ich am Anfang meinen Dank GOTT dafür sage, dass ER mich zwei volle Amtsperioden der Präsidentschaft erleben ließ und dass ich in diesen zwölf Jahren manchen meiner Vorsätze, die ich für die Erfüllung des Amtes gehabt habe, verwirklichen konnte."

*Gemeinsame Festsitzung des Nationalrates und des Bundesrates anlässlich der Verabschiedung des Bundespräsidenten, 8. Juli 1986*

# Ausblick

„So wollen wir, gerade hier von diesem Punkte aus, der uns an tragische Momente in unserer Geschichte erinnert, aber auch an den Tag, an dem wir völlig frei und unabhängig geworden sind, so wollen wir von hier den Vorsatz mitnehmen, dass wir alles, was in unseren Kräften steht, tun werden, damit unsere Heimat, unsere Republik Österreich, ein glückliches Land bleibe, ein Land des inneren Friedens, ein Land der Geschlossenheit, ein Land, das die Demokratie sehr ernst nimmt, ein Land, das allen seinen Bürgern [und Bürgerinnen] eine gute Heimat sein kann. Daran lasset uns gemeinsam denken, dann hat diese Stunde hier an der Ennsbrücke ihren tiefen Sinn auch für die kommenden Jahre!"

*Feierstunde an der Ennsbrücke, 25. Oktober 1980*

# Redaktionelle Hinweise

( ) kennzeichnet einen Textbestand, der im Manuskript enthalten ist, um der Verständlichkeit des ausgewählten Textabschnittes willen jedoch zu überlesen ist.

[ ] kennzeichnet redaktionelle Ergänzungen zur besseren Lesbarkeit des ausgewählten Abschnittes.

... verweist darauf, dass in der Auswahl ein Satz oder Satzteil im Original übersprungen wurde.

Die Textwiedergabe orientiert sich an den Manuskripten. Wo bereits eine Veröffentlichung vorliegt, wurde sie nach Möglichkeit mitberücksichtigt.
Vereinzelt wurden zur besseren Verständlichkeit Absätze eingefügt.
Die Orthografie wurde den heute geltenden Vorschriften der neuen deutschen Rechtschreibung angepasst.
Hervorhebungen sind aus den Manuskripten übernommen.

Neben Einzelveröffentlichungen, zumeist in der Verantwortung der veranstaltenden Institutionen, liegen als publizierte Sammlungen der Reden von Rudolf Kirchschläger vor:
• Immer den Menschen zugewandt. Reden von Bundespräsident Dr. Rudolf Kirchschläger aus den letzten 25 Jahren. Hrsg. v. Landeshauptmann Dr. Josef Pühringer namens der Landesregierung von Oberösterreich in Zusammenarbeit mit Prof. Dr. Harry Slapnicka, Wien 2000.
• Rudolf Kirchschläger, Reden 1974–1977. Hrsg. v. Heinz Ritschel, Salzburg 1978.
• Rudolf Kirchschläger, Der Friede beginnt im eigenen Haus, Wien 1980.

# Bildnachweis

S. 7   Dr. Heinz Fischer und Dr. Rudolf Kirchschläger am 6.10.1998
       anlässlich des 60. Geburtstages von Fischer im Wiener MAK.
       (Hans Klaus Techt/APA/picturedesk.com)

S. 13  Porträt von Rudolf Kirchschläger als Bundespräsident, 1975
       (Photo Simonis/ÖNB Bildarchiv/picturedesk.com)

S. 17  Angelobung Rudolf Kirchschlägers für seine zweite Amtszeit
       als Bundespräsident am 8. Juli 1980 (Fritz Kern/ÖNB-
       Bildarchiv/picturedesk.com)

S. 21  Feier zu 25 Jahren Staatsvertrag 1980. V. l. n. r.: Dr. Rudolf
       Kirchschläger, Kardinal Dr. Franz König, Dr. Bruno Kreisky,
       Anton Benya, Dr. Hannes Androsch (ORF/First Look/picturedesk.
       com)

S. 59  Dr. Rudolf Kirchschläger mit begeisterten Anhängern nach
       der Präsidentschaftswahl 1974 (Barbara Pflaum/Imagno/
       picturedesk.com)

S. 93  Bundespräsident Kirchschläger und Bundeskanzler Kreisky
       bei der Eröffnung des Arlberg-Straßentunnels am 1.12.1978
       (Votava/Imagno/picturedesk.com)

S. 107 Bundespräsident Dr. Rudolf Kirchschläger und Wissenschafts-
       ministerin Dr. Hertha Firnberg bei der Eröffnung des Museums
       moderner Kunst/Palais Liechtenstein, Wien am 26.4.1979
       (Imagno/picturedesk.com)

S. 123 Promotion sub auspiciis unter Anwesenheit des Bundespräsi-
       denten an der Universität Innsbruck 1976 (ÖNB-Bildarchiv/
       picturedesk.com)

S. 131 Der sowjetische Staatschef Breschnew und US-Präsident Carter
       mit dem Ehepaar Kirchschläger in der Wiener Staatsoper,
       6.1.1979 (Ernst Kainerstorfer/ÖNB-Bildarchiv/picturedesk.com)

S. 149 Altbundespräsident Dr. Rudolf Kirchschläger während eines
       Interviews in Wien am 14.3.1995 (Hans Klaus Techt/APA-
       Archiv/picturedesk.com)

S. 163 Bundespräsident Kirchschläger mit einem Kind, um 1980
       (Nora Schuster/Imagno/picturedesk.com)

S. 173 Bundespräsident Kirchschläger auf einer Aufnahme aus
       dem Jahr 1975 (Barbara Pflaum/Imagno/picturedesk.com)

S. 177 Bundespräsident Kirchschläger betet im Stephansdom,
       29.5.1986. (Robert Jäger/APA-Archiv/picturedesk.com)

ISBN 978-3-222-13498-2

## styria

Wien – Graz – Klagenfurt
© 2015 by *Styria Premium* in der
Verlagsgruppe Styria GmbH & Co KG
Alle Rechte vorbehalten

Bücher aus der Verlagsgruppe Styria gibt es
in jeder Buchhandlung und im Online-Shop

**styriabooks.at**

*Cover- und Buchgestaltung:* Bruno Wegscheider
*Produktion:* Alfred Hoffmann
*Coverbild:* Johann Groder/EXPA/picturedesk.com

*Druck und Bindung:*
Druckerei Theiss GmbH, St. Stefan im Lavanttal
7 6 5 4 3 2 1
Printed in Austria